VOL. 6

Dados Internacionais de Catalogação na Publicação (CIP)
(Câmara Brasileira do Livro, SP, Brasil)

S579m
Silva, Carlos Eduardo Lins da.
Muito além do jardim botânico / Carlos Eduardo Lins da Silva. -
São Paulo: Summus, 1985. (Novas buscas em comunicação ; v. 6)

Bibliografia.

1. Comunicação de massa – Aspectos políticos – Brasil 2.
Comunicação de massa – Aspectos sociais – Brasil 3. Jornal Nacional (TV Globo) – Pesquisa 4. Jornalismo I. Título.

	17.	CDD-301.16072
	18.	-301.161072
	17 e 18.	-070
	17.	-301.160981
85-0661	18.	-301.1610981

Índices para catálogo sistemático:

1. Brasil : Meios de comunicação de massa : Aspectos políticos :
   Sociologia   301.160981 (17.)   301.1610981 (18)
2. Brasil : Meios de comunicação de massa : Aspectos sociais :
   Sociologia   301.160981 (17.)   301.1610981 (18.)
3. Jornal Nacional : TV Globo : Pesquisa : Meios de Comunicação
   de massa : Sociologia   301.16072 (17.)
4. Jornalismo 070 (17. e 18.)

Compre em lugar de fotocopiar.
Cada real que você dá por um livro recompensa seus autores
e os convida a produzir mais sobre o tema;
incentiva seus editores a encomendar, traduzir e publicar
outras obras sobre o assunto;
e paga aos livreiros por estocar e levar até você livros
para a sua informação e o seu entretenimento.
Cada real que você dá pela fotocópia não autorizada de um livro
financia o crime
e ajuda a matar a produção intelectual de seu país.

MUITO ALÉM
DO JARDIM BOTÂNICO

Um estudo sobre a audiência
do Jornal Nacional da Globo entre trabalhadores

CARLOS EDUARDO LINS DA SILVA

summus
editorial

MUITO ALÉM DO JARDIM BOTÂNICO
Copyright © 1985 by Carlos Eduardo Lins da Silva
Direitos desta edição reservados por Summus Editorial

Capa: **Cláudio Rocha**

Summus Editorial

Departamento editorial:
Rua Itapicuru, 613 – 7º andar
05006-000 – São Paulo – SP
Fone: (11) 3872-3322
Fax: (11) 3872-7476
http://www.summus.com.br
e-mail: summus@summus.com.br

Atendimento ao consumidor:
Summus Editorial
Fone: (11) 3865-9890

Vendas por atacado:
Fone: (11) 3873-8638
Fax: (11) 3873-7085
e-mail: vendas@summus.com.br

Impresso no Brasil

NOVAS BUSCAS EM COMUNICAÇÃO

O extraordinário progresso experimentado pelas técnicas de comunicação de 1970 para cá, representa para a Humanidade uma conquista e um desafio. Conquista, na medida em que propicia possibilidades de difusão de conhecimentos e de informações numa escala antes inimaginável. Desafio, na medida em que o avanço tecnológico impõe uma séria revisão e reestruturação dos pressupostos teóricos de tudo que se entende por comunicação.

Em outras palavras, não basta o progresso das telecomunicações, o emprego de métodos ultra-sofisticados de armazenagem e reprodução de conhecimentos. É preciso repensar cada setor, cada modalidade, mas analisando e potencializando a comunicação como um processo total. E, em tudo, a dicotomia teoria e prática está presente. Impossível analisar, avançar, aproveitar as tecnologias, os recursos, sem levar em conta sua ética, sua operacionalidade, o benefício para todas as pessoas em todos os setores profissionais. E, também, o benefício na própria vida doméstica e no lazer.

O jornalismo, o rádio, a televisão, as relações públicas, o cinema, a edição — enfim, todas e cada uma das modalidades de comunicação —, estão a exigir instrumentos teóricos e práticos, consolidados neste velho e sempre novo recurso que é o livro, para que se possa chegar a um consenso, ou, pelo menos, para se ter uma base sobre a qual discutir, firmar ou rever conceitos. *Novas Buscas em Comunicação* visa trazer para o público — que já se habituou a ver na Summus uma editora de renovação, de formação e de debate — textos sobre todos os campos da Comunicação, para que o leitor ainda no curso universitário, o profissional que já passou pela Faculdade e o público em geral possam ter balizas para debate, aprimoramento profissional e, sobretudo, informação.

Para a dona Ruth e o seu Nemércio, meus pais, pelo incentivo, "financiamento" e entusiasmo, fatores indispensáveis para a realização deste trabalho.

Sumário

Prefácio 9
Apresentação 13
I. INTRODUÇÃO 19
   I.1. A Indústria Cultural 19
   I.2. Indústria Cultural e Estado 22
   I.3. Indústria Cultural no Brasil 26
   I.4. A Rede Globo de Televisão 30
   I.5. Telejornalismo 33
   I.6. Jornal Nacional 38
   I.7. Estudos de recepção 43

II. OBJETIVOS E HIPÓTESES 49
   II.1. Objetivos 49
   II.2. Hipóteses 52

III. METODOLOGIA 65
   III.1. Justificativa 65
   III.2. Delimitação do *corpus* e do universo .. 72
   III.3. Procedimentos 75
   III.4. Instrumentos 78

IV. A TV EM LAGOA SECA E PAICARÁ 81

V. SENSO CRÍTICO ORIUNDO DE OUTRAS FONTES . 97
   V.1. Fontes interpessoais 98
   V.2. Igreja 99

- V.3. Movimento sindical 102
- V.4. Partidos políticos 106
- V.5. Outros meios de comunicação de massa 108
- V.6. Movimento feminista 111
- V.7. Quando outras fontes não interferem 112

VI. SENSO CRÍTICO PROVENIENTE DE CONHECIMENTO PESSOAL 114
- VI.1. Jornalismo 114
- VI.2. Publicidade 119
- VI.3. Ficção 120

VII. O SENSO CRÍTICO ATRAVÉS DO CONHECIMENTO DOS MEIOS 125

VIII. CONCLUSÕES 135
IX. REFERÊNCIAS BIBLIOGRÁFICAS 143
X. NOTAS 147
XI. FONTES SECUNDÁRIAS 151
XII. FONTES PRIMÁRIAS 161

Prefácio

Os estudos sobre Jornalismo no Brasil caracterizam-se pela exclusividade atribuída às instituições produtoras de notícias ou às mensagens que veiculam. Quando muito, alguns trabalhos avançam no sentido de incluir análises sobre as repercussões sociais da comunicação de atualidades.

Um dos aspectos negligenciados tem sido o da recepção. Pouco se conhece sobre o processo pelo qual o noticiário penetra no cotidiano dos cidadãos. Os registros disponíveis são as pesquisas de audiência, que se limitam a esboçar a composição do público que lê jornais e revistas, sintoniza programas jornalísticos no rádio e na televisão. E mesmo assim, são dados que permanecem sigilosamente nos arquivos das empresas jornalísticas, agências de publicidade e institutos de pesquisa de opinião pública.

A ausência de tais estudos, de realização muito mais difícil que aqueles dedicados a objetos não perecíveis, como o conteúdo das reportagens ou a ideologia dos editoriais, tem estimulado a comunidade acadêmica e a corporação profissional a fazer conjecturas sobre o comportamento coletivo da população brasileira que consome informações jornalísticas. Tais conjecturas apontam para um cenário de passividade e de conformismo dos receptores de notícias, endossando a concepção de que os *mass media* determinam a consciência nacional, estruturando a maneira como o brasileiro vê e percebe os acontecimentos.

Este livro de Carlos Eduardo Lins da Silva põe em xeque tais interpretações, evidentemente forjadas a partir de leituras mal digeridas daqueles conhecimentos vindos d'além-mar ou construídas no embalo do achismo, traço peculiar de um tipo de atuação intelectual que grassou nesses anos de prolongado autoritarismo.

Temos portanto uma obra singular, que expressa múltiplos pioneirismos. O principal deles é derrubar o mito de que o homem comum que habita as nossas cidades ou procede da periferia rural padece de uma burrice endêmica, não tendo capacidade para ler nas entrelinhas as mensagens que fluem através dos telejornais, como se admite que possuem as elites. Pesquisando comunidades de trabalhadores no Nordeste faminto ou no Sul maravilha, Lins da Silva constatou como os modestos espectadores das telas do *Jornal Nacional* da Rede Globo de Televisão acionam seus mecanismos de defesa, individuais ou coletivos, para filtrar as informações veiculadas, traduzindo-as segundo os seus próprios valores. E oferece comprovações de que essa atitute criticizante emerge com intensidade naqueles núcleos sociais onde a arregimentação da sociedade civil se mostra consistente e enraizada.

Outro pioneirismo é o ângulo de observação escolhido para analisar o telejornal de maior audiência no País. Sem descuidar da configuração jornalística que alimentava o público receptor durante o período de estudos, ou seja, os segmentos noticiosos difundidos, suas atenções se concentraram no pólo terminal do fluxo informativo, que em linguagem acadêmica chamamos de destinatários. Assim sendo, começou a puxar o véu de uma realidade pouco conhecida dos nossos jornalistas e pesquisadores do jornalismo, percebendo como reagem cidadãos cujo único elo de ligação com o mundo distante é o telejornal que há quinze anos monopoliza a audiência brasileira.

Mas não o fez de forma tradicional, utilizando os questionários fechados que a nossa pesquisa social herdou do *survey* norte-americano e canonizou como instrumento exclusivo de avaliação do comportamento coletivo. Metodologicamente, seu caminho foi o da *pesquisa-ação*, buscando um referencial próximo da observação-participante dos velhos antropólogos, mas que supera os pruridos cientificistas da neutralidade do pesquisador, enfrentando a evidência de que quem pesquisa possui sentimentos, emoções, ideologias, que não podem ser abstratamente desprendidos do objeto pesquisado. Assumindo tal postura científica, Lins da Silva abre perspectivas enriquecedoras para a pesquisa em comunicação no País, demonstrando que é possível observar a realidade sem mascarar os parâmetros ideológicos do pesquisador, mas que também é factível produzir conhecimento cientificamente válido sem resvalar para o panfletarismo político travestido de roupagem acadêmica.

Se ficam patentes, na leitura deste livro, três facetas do pioneirismo do autor — a inovação teórica, a singularidade do objeto pesquisado e a ousadia do referencial metodológico de que se vale — há outra dimensão que precisa ser ressaltada.

Carlos Eduardo Lins da Silva é uma das raríssimas expressões do jornalismo brasileiro que conseguiu atingir a plenitude simbiótica do pesquisador acadêmico e do jornalista profissional. Reunir essas duas vocações constitui uma façanha intelectual. A regra tem sido a predominância de uma delas nas pessoas que, atuando nas instituições jornalísticas, também se dedicam ao trabalho universitário.

Torna-se importante resgatar a biografia intelectual de Carlos Eduardo para perceber como se vem operando aquela simbiose. Sua formação universitária se dá, por opção consciente, na área do Jornalismo; depois de freqüentar o curso de Ciências Sociais na USP e o de Jornalismo na Faculdade Cásper Líbero, acaba por eleger este último. Não obstante as limitações que sempre reconheceu no programa de estudos realizado em nível de graduação, nunca caiu no oportunismo de negar a validade da formação universitária do jornalista, como infelizmente têm feito alguns jornalistas diplomados que se apressam em buscar alinhamento com aqueles profissionais que, não tendo passado por aprendizagem sistemática, combatem o ensino de jornalismo sem conhecer os obstáculos estruturais e históricos responsáveis pela fragilidade dos cursos mantidos nas universidades brasileiras. Tanto assim, que procurou suprir as deficiências da sua formação básica, engajando-se no trabalho profissional do *Diário de S. Paulo* e recorrendo posteriormente a uma universidade norte-americana — Michigan State University — onde fez estudos avançados, em nível de mestrado. Regressando ao País, procurou combinar a atuação profissional com a vivência acadêmica. Como professor e pesquisador, trabalhou na Universidade Federal do Rio Grande do Norte, no Instituto Metodista de Ensino Superior, em São Bernardo do Campo, na Faculdade de Comunicação de Santos, e no Departamento de Jornalismo e Editoração da ECA-USP. Como jornalista militante, dedicou-se a projetos alternativos: os *Cadernos de Comunicação Proal*, o *Boletim Intercom*, a revista *Crítica da Informação*, o jornal potiguar *Salário Mínimo*, engajando-se recentemente na equipe editorial da *Folha de S. Paulo*, onde galgou o posto de secretário de redação.

Sua passagem por tantas atividades, em tão pouco tempo, e sempre marcadas por um desempenho competente e responsável, por todos reconhecido, acabaram por convencê-lo a dedicar-se concomitantemente à pesquisa e à profissão. E com resultados promissores, indício de que o fluxo permanente da reflexão acadêmica e da prática profissional podem confluir para um jornalismo qualitativamente mais elaborado e quantitativamente mais democrático.

Este trabalho que agora se divulga para o grande público é uma demonstração disto. Originalmente preparado como tese de doutoramento, seguindo os padrões convencionados pelo mundo acadêmico, não perdeu de vista sua motivação jornalística, nem sua destinação àqueles que militam ou na universidade ou nas empresas de comunicação.

A satisfação com que o apresentamos à intelectualidade brasileira decorre não apenas do valor da obra, mas também da amizade que dedicamos ao autor, cuja retidão de caráter, despojamento pessoal e fidelidade aos ideais políticos que defende e vivencia, constituem um exemplo para as novas gerações de jornalistas.

São Paulo, 7 de abril de 1985

José Marques de Melo

Apresentação

A Rede Globo de Televisão está comemorando vinte anos em 1985. Com justo orgulho, tem apregoado em sua campanha promocional que é o veículo de comunicação número um do Brasil. O processo através do qual ela chegou ao extraordinário estágio de prestígio e poder de que hoje desfruta explica-se por uma série de fatores históricos, políticos e econômicos. Mas também se deve ao talento e à competência dos profissionais e administradores que ali trabalham.

Grande parte do sucesso da Globo está vinculada ao *Jornal Nacional*, o telejornal que todas as noites, desde 1.º de setembro de 1969, consegue a maior audiência possível no País. O *Jornal Nacional* ficou estigmatizado durante o período do regime militar como um porta-voz oficioso do governo, um dócil instrumento de manipulação das massas, através do qual os ideólogos da "Revolução de 1964" acalmavam e orientavam os brasileiros.

O simplismo desse tipo de generalização não resiste a qualquer análise mais profunda. Mas ficou tão enraizado entre os opositores do regime militar que acabou por firmar-se como verdade estabelecida. Sem qualquer tipo de investigação metódica ou sistemática, a esquerda brasileira condenou o *Jornal Nacional* ao pelourinho e sua audiência — na verdade quase toda a população — à pecha da alienação. Quem assistia o *Jornal Nacional* era "alienado"; quem fazia o *Jornal Nacional* era "manipulador".

Nenhum dos muitos analistas que proferiram esse julgamento definitivo jamais se aventurou a testar na realidade social seus preconceitos. Nem por isso (ou talvez exatamente por isso), suas certezas se abalaram. Quando, já em 1984, a Globo e o *Jornal Nacional* aderiram — retardatários — à campanha pelas diretas, talvez tenham surgido as primeiras dúvidas sobre a divisão maniqueísta que aqueles observadores afirmavam. Essas dúvidas talvez tenham-se cristalizado com o apoio indisfarçado que a Globo deu à candidatura de Tancredo Neves. Então, os adjetivos de "manipuladores" e "alienados" podem ter perdido um pouco de sua força, apenas porque críticos e vítimas acabavam do mesmo lado da cerca. Mas a investigação na realidade continuou inexistente.

Este trabalho — que é o resultado de um programa de doutoramento desenvolvido na Escola de Comunicações e Artes da Universidade de São Paulo — partiu de um pressuposto simples: se o *Jornal Nacional* é um fenômeno cultural tão importante a ponto de ganhar a atenção da absoluta maioria dos brasileiros todas as noites, ele merece ser estudado a sério.

Ao invés de desprezar e ignorar o *Jornal Nacional*, é mais útil estudá-lo, ainda que não se concorde com o núcleo da ideologia que através dele se divulga. Desconhecê-lo é impossível. Conhecê-lo melhor só pode trazer benefícios para quem quer compreender o fenômeno da cultura brasileira contemporânea.

Para quem acredita que os fenômenos sociais nunca são coerentes e uniformes, é impossível aceitar os julgamentos definitivos do tipo "manipulação das idéias". Nem o *Jornal Nacional* é um produto livre de contradições, nem sua audiência é um corpo social homogêneo que reage como se fosse uma só pessoa às mensagens que recebe.

O telespectador é um ser social, exposto a diversas influências de inúmeros agentes que se contradizem entre si. O jornalista que trabalha na televisão também é uma pessoa que recebe pressões e idéias de diversas fontes e tenta conviver com elas dentro de si mesmo e nas mensagens que produz e veicula. A empresa em que ele trabalha é um agente social, que tem de responder aos estímulos diferenciados que recebe e que mudam junto com as circunstâncias políticas e sociais.

Para compreender todo esse fenômeno tão complexo, só mergulhando de cabeça e sem pruridos. Foi o que tentei fazer ao longo dos cinco anos de trabalho que esta pesquisa exigiu. No contato direto com os produtores e os espectadores do programa de maior audiência da televisão brasileira, tentei compreender todas essas contradições ou, pelo menos, registrá-las. Ao final do trabalho, não me atrevo a fazer nenhuma generalização, mas espero contribuir para que os generalizadores pensem duas vezes antes de proferir seus vaticínios irrecorríveis.

A Rede Globo pode parecer e até tentar ser, na cabeça de seus dirigentes, um agente conservador. Mas a dinâmica social é tão imprevisível, que, no geral, ela acaba sendo um agente modernizador num país com as características do Brasil. A síntese e as conclusões que um telespectador vai realizar depois de assistir a um telejornal não podem ser antecipadas por ninguém; nem por quem produziu o telejornal, nem por quem o assistiu ao mesmo tempo que aquele telespectador.

A indústria cultural é um fenômeno fascinante e de difícil compreensão, por causa das variáveis incontáveis e imponderáveis que entram no processo. Nela, não há espaço para mocinhos e bandidos. Todos os personagens que nela atuam são mocinhos e bandidos. Mesmo o que se propõe a escrever uma tese sobre ela.

Este livro é a reprodução da tese apresentada junto à ECA/USP em março de 1984. Não contém quase modificações do original entregue à banca formada pelos professores José Marques de Melo (orientador), Ruth Cardoso, Anamaria Fadul, Michel Thiolent e Dulcília Buitoni. Não foi possível acrescentar no seu texto as inquietações que as observações dos examinadores provocaram no candidato. Para fazer isso, talvez fosse necessário começar tudo de novo.

Embora muitos colegas da Universidade tenham feito reparos à minha produção acadêmica ao longo dos últimos seis anos devido à minha tendência de ser menos "severo" com os produtores da indústria cultural do que eles gostariam que todos fossem, é possível que do lado dos jornalistas ocorra a impressão inversa. Por isso, quero deixar expressa minha sincera admiração pelo trabalho competente que se pratica no telejornalismo da Globo, apesar de muitas vezes eu não concordar com o produto final. Esta pesquisa, apesar de não se pretender neutra, não partiu de preconceitos quanto à qualidade ou correção do jornalismo praticado pela Globo e suas conclusões nada têm a ver com uma coisa ou outra.

A publicação deste livro realiza, improvisada e tardiamente, uma das (muitas e boas) intenções de quando comecei o trabalho, agora já há seis anos. Eu queria que a pesquisa não servisse apenas para a obtenção de um título acadêmico e tivesse algum tipo de efeito social. Pensei em escrever três versões das conclusões: uma para efeito da burocracia universitária, outra para o público de classe média e outra para consumo de trabalhadores, como os que serviram de universo para a pesquisa. Acabei fazendo uma versão anfíbia que atendeu às exigências da Universidade e agora se oferecerá ao consumo da classe média. A versão para os trabalhadores ficará esperando uma oportunidade de se realizar. Como sempre neste País, da relação entre intelectual e trabalhadores, estes oferecem muito e recebem pouco. Espero um dia reparar a injustiça; ao menos esta.

São Paulo, abril de 1985
Carlos Eduardo Lins da Silva

"Deus me perdoe, mas parece que tem uma combinação entre a Globo e o governo."

(Orlando, diretor da Sociedade Amigos do Paicará)

Reconhecimentos

A Lúcia Maria Araújo, companheira destes cinco anos de trabalho, por toda ajuda, principalmente na coleta de dados em Lagoa Seca;

a José Marques de Melo, orientador e animador, sem cujas cobranças o trabalho não sairia tão cedo;

a Anamaria Fadul, presidente da INTERCOM, por todas as observações estimulantes e indicações bibliográficas;

a Regina Festa, amiga, cujo exemplo de vida muito ajudou na tomada de posição política deste trabalho;

a todos os participantes da pesquisa-ação em Lagoa Seca e no Paicará, com a esperança de que sua contribuição a este trabalho seja revertida, de alguma forma, para o benefício concreto de seus companheiros trabalhadores e não sirva apenas para que um intelectual a mais ascenda em sua carreira universitária, como costuma ocorrer quase todas as vezes em que "o povo" é objeto do trabalho acadêmico de alguém no Brasil.

I. Introdução

I.1. *A Indústria Cultural*

Todos os dias, centenas de pessoas remuneradas por uma empresa organizada com objetivo de lucro trabalham em conjunto em dezenas de municípios espalhados por todo o Brasil e alguns países do Mundo para que às 19h 55m cerca de metade da população do País assista a uma série de informações por elas preparadas através de sofisticada divisão de tarefas.

Outras centenas de indivíduos, igualmente pagos pela mesma empresa tratam de, diariamente, comercializar o tempo conhecido como "intervalo" que separa cada bloco de notícias. Em dezembro de 1983, cada trinta segundos deste tempo custava, para quem tivesse a intenção de veicular uma mensagem publicitária a todo o Brasil, a bagatela de Cr$ 15 milhões.

Não só pela quantidade de funcionários envolvidos na operação e pelo porte do volume financeiro transacionado como também pela impressionante audiência que obtém e pelo requinte da divisão social do trabalho que envolve, é claro que quando se está diante do *Jornal Nacional*, noticioso diário da Rede Globo de Televisão, tem-se pela frente um bem simbólico e material produzido em escala industrial.

Chamar a programação de televisão numa sociedade capitalista como o produto de uma "indústria cultural" é usar uma designação que descreve apropriadamente o fenômeno que pretende nomear. O problema é que o rótulo de "indústria cultural" foi, ao longo dos anos, carregado de uma conotação pejorativa que, embora não a torne desprovida de valor, traz problemas aos que querem utilizá-la com intenções apenas descritivas e não valorativas.

Talvez a expressão carregue consigo o pecado original, já que foi cunhada por Theodor Adorno e Max Horkheimer [1] num momento histórico em que os dois pensadores alemães viviam sob o impacto da utilização do rádio, cinema e jornais pelo nazismo com resultados muito eficazes em termos de convencimento ideológico da população alemã e, em conseqüência, deixavam transparecer em seus textos uma visão pessimista, idealista e imobilista dos fenômenos ligados aos meios de comunicação de massa. A maneira acrítica com que foi incorporada pela maioria dos estudiosos preocupados com o tema, em particular os que podem ser considerados os mais "progressistas", ao longo dos anos acabou por condenar a "indústria cultural", enquanto conceito, a carregar o fardo do determinismo: quase todos que a utilizam o fazem como se os meios de comunicação de massa fossem instrumentos de controle e manipulação do pensamento coletivo que representam monoliticamente a ideologia dominante absorvida de forma passiva e ordeira por uma ignara massa de espectadores alienados. Os que vendem sua força de trabalho intelectual para os empresários de tal indústria são invariavelmente classificados como quase prostitutos do saber, cooptados pela burguesia para a tarefa condenável de enganar as massas trabalhadoras.

O erro deste tipo de interpretação, tão corrente nos textos que ainda hoje lidam com o fenômeno da comunicação (apesar de tantas úteis revisões do trabalho da Escola de Frankfurt),[2] reside numa apreensão equivocada da história da cultura humana. A impressão que se tem quando se lê Adorno expressando sua incontida ojeriza contra "a manipulação comercial" dos bens culturais produzidos a partir da invenção do rádio, do cinema ou da indústria fonográfica é a de que no passado os produtos artísticos e ideológicos eram realizados por mero diletantismo de pessoas abnegadas. Ao contrário, Bourdieu demonstra que a criação intelectual sempre dependeu materialmente de algum tipo de sustentação que lhe era provida ou por igrejas ou por estados ou por mecenas até que, após a Segunda Revolução Industrial, começou a ter condições de se amparar em seus próprios consumidores,[3] o que lhe garantiria, com o correr do tempo e o crescimento e consolidação do público, autonomia relativa, profissionalização e legitimidade.

Adorno e Horkheimer estavam corretos quando afirmavam a transformação do produto cultural em simples mercadoria em busca de seu espaço no mercado de consumo. Só que não há razão para escandalizar-se por isso. Nada mais natural que a cultura também sofresse os efeitos da Revolução Industrial. Ela é produzida socialmente, não no vácuo. Portanto, sofre os efeitos — ao mesmo tempo em que influencia — do que ocorre na formação social. Se todos os demais produtos no capitalismo são fabricados em série, através da divisão social do trabalho sofisticada, para consumo em larga escala, como poderia ser diferente com os bens culturais?

Por outro lado, é inegável que os bens produzidos pela indústria cultural não são apenas materiais. O componente ideológico é de sua própria natureza. Não deve ser surpreendente, igualmente, que numa sociedade capitalista em que o controle político e econômico pertence a frações de uma determinada classe social, a burguesia, a hegemonia sobre a ideologia também seja delas. A mesma classe social que detém o controle da economia e da política mantém o da ideologia.

Deste modo, a indústria cultural veicula nos bens que produz e são consumidos pelo público uma ideologia hegemonicamente burguesa nos países capitalistas. E ela é, sem dúvida, na maior parte das sociedades do Ocidente, inclusive o Brasil, o principal instrumento através do qual se reproduzem os valores culturais e ideológicos indispensáveis para a manutenção do poder da burguesia sobre as demais classes sociais. A influência da indústria cultural, em especial através da televisão e do rádio, há muito superou a da Igreja e a da Escola (em especial num país desescolarizado como o nosso) e já começa a superar a da Família.

Esta constatação não induz à conclusão equivocada de que a indústria cultural, por ser controlada pela burguesia, trate de divulgar através de seus produtos uma visão ideológica monolítica do mundo. Da mesma forma como em outros meios de produção capitalistas, no seu interior também há espaço para contradições que se expressam nas relações de trabalho e, ao contrário das indústrias de bens apenas materiais, no produto final da indústria.

No interior da indústria cultural há a presença permanente de contradições. Ali ocorre uma luta de classes que reflete e influencia a da sociedade como um todo. Em todo o decorrer do processo da indústria cultural, da produção ao consumo, essas contradições aparecerão. No momento da criação de um telejornal, o confronto se dá entre os interesses dos donos da empresa e os de seus funcionários e não se traduz apenas em reivindicações salariais e de condições de trabalho, mas também em termos do conteúdo ideológico do que irá ao ar. No momento da recepção, o confronto volta a ocorrer e se dá através das diferentes interpretações e reelaborações que cada segmento social dará ao que vir e ouvir. É evidente que não há uma homogeneidade de interesses e valores nem entre o conjunto dos empregados da empresa televisiva nem entre qualquer segmento em que se possa fracionar o público espectador. Há conflitos internos de ordem ideológica entre colegas de redação bem como entre integrantes da categoria dos metalúrgicos, por exemplo, e eles se refletem na maneira com que cada grupo se manifesta em relação à indústria cultural. Mas também deveria ser evidente que as contradições existem tanto no momento de produção como no de recepção de um produto qualquer da indústria cultural e que ele, assim, nem representa uma manifestação monolítica da ideologia burguesa nem é consumido pela audiência de forma uniforme e passiva.

Não se justifica, portanto, a visão fatalista que a escola de Frankfurt e seus discípulos têm do fenômeno da indústria cultural. É claro que, por serem os instrumentos que melhor garantem hoje em dia a reprodução da ideologia, os meios da indústria cultural sofrem vigilância severa dos detentores de poder. Apesar disso, e apesar de se saber que transformações profundas no controle e conteúdo da indústria cultural só ocorrerão quando ocorrerem na estrutura social, econômica e política do país, não se deve ignorar a amplitude da possibilidade de ação que existe na utilização desses meios para que tais mudanças aconteçam.

É através da indústria cultural que, prioritariamente, a hegemonia de uma classe sobre as outras se mantém. Através dela, um conjunto de valores culturais e ideológicos dá direção à sociedade e a conduz unida. Mas exatamente para que tal hegemonia seja efetiva, é necessário que haja espaço para expressão de pensamentos conflitantes. E nenhum conjunto de forças sociais poderá ambicionar controlar a hegemonia da sociedade se não tiver acesso aos mais eficazes instrumentos de difusão cultural e ideológica, que são hoje, a televisão, o rádio, o cinema e a imprensa.

I.2. *Indústria Cultural e Estado*

Como será visto com maior detalhe adiante, o *Jornal Nacional* é uma espécie de símbolo do início da formidável ascensão da Rede Globo de Televisão ao virtual monopólio da informação no Brasil, condição à qual não chegou sem estreita cooperação do Estado. Nem assim deixou de ser freqüente a ocorrência de confrontos entre o Estado e a Rede Globo, especialmente em situações de maior tensão social, quando não foi rara a utilização da censura (prévia ou posterior) contra a programação produzida por uma empresa tão afinada com os interesses estatais a partir, especialmente, de 1964.

Esta contradição não se explica apenas com a alusão feita na seção anterior à existência de conflitos no interior dos meios de produção da indústria cultural. A história recente da América Latina mostra diversos exemplos em que o confronto entre Estado e meios de comunicação supera de longe a ainda incipiente organização dos trabalhadores das empresas da área e ocorre em momentos históricos em que a proporção de forças entre as classes sociais em determinadas sociedades é extremamente favorável às que estão no poder. Portanto, há algo mais.

Trata-se de aparente contradição. Estado e indústria cultural são organizações que deveriam atuar em conjunto para a manutenção da hegemonia sobre o conjunto da sociedade, uma vez que o controle sobre os dois é detido basicamente pela mesma classe social. O antagonismo ostensivo entre eles, como o que se pôde observar, por exemplo, durante o período de vigência do Ato Institucional n.º 5 no Brasil, chega a parecer um contra-senso.

Quando se observa as relações entre Estado e meios de comunicação em sociedade em que a forma de acumulação monopolista do capital já se consolidou uniformemente, como nos Estados Unidos e países da Europa Ocidental, pode-se constatar que essas situações de conflito ocorrem raramente. No caso dos Estados Unidos, só pôde ser verificada no início dos anos 70, em virtude do acirramento de questões como a Guerra do Vietnã e o caso Watergate, quando o ex-presidente Richard Nixon e o ex-vice-presidente Spiro Agnew chegaram a ameaçar o uso de censura contra a indústria cultural.

Este paradoxo, assim, não parece ser característica inerente ao sistema capitalista, mas sim a um determinado tipo de situação peculiar à sua formação e desenvolvimento em determinadas áreas do mundo como a América Latina, que as tornam substancialmente diversas das formações sociais como a norte-americana.

Uma das peculiaridades do capitalismo latino-americano é a de ele não ter sido produto de uma evolução interna. O subcontinente foi inserido na ordem capitalista internacional em situação de dependência dos países centrais. Não uma dependência imposta a contragosto sobre toda a população, uma nova versão do imperialismo colonialista, como alguns autores ainda definem o termo, mas uma dependência associada aos interesses das burguesias locais que se articulam no sistema produtivo capitalista mundial, como bem define, por exemplo, Herbert José de Souza.[4]

Florestan Fernandes explica como o processo se deu:

"...até o presente, o capitalismo evoluiu na América Latina sem contar com condições de crescimento auto-sustentado e de desenvolvimento autônomo. Em conseqüência, classes e relações de classe carecem de dimensões estruturais e de dinamismos societários que são essenciais para a integração, a estabilidade e a transformação equilibrada da ordem social inerente à sociedade de classes." [5]

Devido a essas características, as classes sociais na América Latina apresentam-se de forma muito diferente da que ostentam nos países centrais. Não se trata de "distorção" motivada por razão conjuntural, mas modo peculiar ao tipo de capitalismo que aqui se desenvolveu.

Com classes sociais frágeis, inclusive a burguesia, o Estado exerce suas funções de garantidor das relações capitalistas de dominação de modo mais ostensivo, violento, contrário à integração nacional e à própria revolução burguesa nacional porque, "sob o capitalismo dependente, a burguesia não pode realizar-se como classe e impor sua hegemonia de classe de outra maneira".[6]

O Estado converte-se em instituição-chave de defesa das classes possuidoras e de controle das classes subalternas. As instituições da sociedade civil, a indústria cultural entre elas, são fracas porque as classes sociais que as constituem não estão estruturadas como nos países centrais. Por isso, a influência do Estado sobre os meio de comunicação é muito mais forte aqui do que lá e os confrontos ocorrem entre eles com freqüência tão maior.

O controle sobre o Estado não é uniforme, como não são homogêneos os interesses das diversas frações da burguesia que se digladiam por ele. Dependendo do conjunto de frações de classe que detenham o poder de Estado, os interesses deste poderão ou não coincidir com os das frações de classe que controlam os meios de comunicação. A História mostra que essas divergências internas são superadas quando a burguesia como um todo sente-se ameaçada (como no Brasil em 1964), mas realçam quando está segura e confiante (como após 1968).

As formas de mediação entre Estado e sociedade civil são constantemente ineficazes na América Latina. Partidos políticos, Poder Legislativo e outras instituições fracassam na missão que lhes é reservada pelo Capitalismo e obrigam o Estado a recorrer com maior constância aos meios de comunicação como veiculadores de ideologias de legitimação de seu poder. Onde as frações de classe hegemônicas não conseguem legitimar-se por eleições, por exemplo, têm que encontrar substitutos como a indústria cultural a qual, no entanto, pode não estar disposta a desempenhar tal papel por divergência de interesses, dando margem a confrontações.

Sociedades como as latino-americanas, que não podem oferecer aos setores de maiores salários do operariado urbano as condições de conforto material de que desfrutam esses setores nos países centrais, valem-se da indústria cultural (via Estado) para permitir-lhes o consumo das "ilusões da condição burguesa". A posse de um aparelho de televisão a cores lhes confere *status* e a programação consumida lhes proporciona a impressão de participação política.

Os meios de comunicação, portanto, são de fundamental importância para o Estado nessas circunstâncias. Daí, a necessidade de maior vigilância sobre eles. Por outro lado, há a questão econômica. Com burguesias frágeis não apenas do ponto de vista político, mas também do econômico, com mercados internos de consumo desalentados, as sociedades latino-americanas têm dificuldades de manter sua indústria cultural nas mãos da iniciativa privada. Jornal, rádio e televisão são, freqüentemente, em especial nas cidades e Estados menores, negócios deficitários. Sem o auxílio do Estado na forma de serviços, incentivos ou publicidade, não sobreviveriam. Este é outro fator a influir nas relações Estado-indústria cultural.

A base estrutural com que as classes dominantes contam na América Latina para manterem o exercício de sua hegemonia é frágil demais. Por isso, elas têm que se valer constantemente dos aparelhos repressivos do Estado para se safarem daquilo que imaginam ser (e muitas vezes não é) uma ameaça a seu poder. O Estado, desnudado seu caráter classista, põe-se em ação para garantir os setores que o controlam. O sistema de comunicação, por onde circulam idéias que podem ser contrárias às classes hegemônicas ou apenas produto de diferenças internas dessas classes, sofre as conseqüências. E isto ocorre com freqüência porque "qualquer ameaça à estabilidade da ordem adquire a feição de uma catástrofe iminente e provoca estados de extrema rigidez estrutural".[7]

Trata-se de uma situação que não pode deixar de ser encarada como pano de fundo de todas as conclusões deste trabalho, pois ela condiciona o entendimento correto do papel e das características da indústria cultural brasileira. Para manter a hegemonia sobre a sociedade, as classes no poder precisam superexplorar as classes trabalhadoras (inclusive para poderem fazer frente à mais-mais-valia conseqüente das relações internacionais de produção), o que provoca tensões fortíssimas entre as classes. Tais tensões só poderiam ser resolvidas em nível de sociedade civil se as classes hegemônicas dispusessem de bases estruturais suficientemente solidificadas do ponto de vista econômico para permitir o perfeito funcionamento da sociedade de classes. Como isso não ocorre, devido à fragilidade das classes sociais, a necessidade de recorrer ao Estado e seus aparelhos repressivos é constante. Daí, o recurso constante à censura, à intervenção, à própria prisão e morte de pessoas que atuam nos meios de comunicação.

O aparente paradoxo é tão flagrante, que chega a haver situações em que meios de comunicação sob controle direto do Estado sofrem repressão do Estado. Por exemplo, o trágico episódio do assassinato do jornalista Wladimir Herzog, do Departamento de Telejornalismo de uma emissora de TV estatal, em 1975.

Portanto, embora a análise deste trabalho refira-se a um período da vida política brasileira de aparente maior estabilidade, não é possível deixar de levar em consideração estas ponderações sobre o caráter da relação entre o Estado e a indústria cultural.

I.3. Indústria Cultural no Brasil

A indústria cultural brasileira apresenta algumas características que, embora comuns a algumas outras sociedades, em especial na América Latina, ajudam a compreender seu caráter e traçar seu perfil. Em primeiro lugar, ela toma como paradigma o modelo norte-americano de sistema de comunicação. Como será visto, no entanto, distancia-se dele de forma acentuada devido aos seus fatores de formação e desenvolvimento.

Determinadas assincronias e disfunções que hoje marcam a indústria cultural brasileira têm origem na importação de técnicas de produção de bens culturais em larga escala no momento em que apenas começava a formar-se um mercado para consumi-los.

José Marques de Melo explica como durante muito tempo a maior parte das empresas que editavam jornais no Brasil não eram estruturadas como empresas capitalistas modernas nem eram capazes de se sustentar apenas com o produto por elas fabricado (o jornal).[8] Aliás, isto continua sendo verdade para grande parte das empresas jornalísticas no Brasil, em especial nas regiões em que o desenvolvimento do capitalismo ainda não se deu nas mesmas proporções de São Paulo e Rio de Janeiro, por exemplo, dentro da lógica do capitalismo desigual e combinado que marca a nossa economia. Apesar disso, mesmo sem contar com públicos grandes ou anunciantes fortes, mesmo tendo prejuízos sistemáticos, essas empresas quase sempre fizeram questão de se manter atualizadas com as técnicas mais avançadas da indústria editorial. Hoje, por exemplo, é normal encontrar em várias cidades do Nordeste jornais com tiragens irrisórias, sem anúncios, que aceitam permuta com lojas de móveis para divulgar publicidade, mantidos apenas para que seus proprietários possam usufruir de vantagens políticas com eles, sendo produzidos nos mais modernos sistemas de composição a frio e reproduzindo valores de forma e conteúdo de diários norte-americanos.

A introdução de tecnologias avançadas de comunicação, como a televisão, o vídeo-teipe, o videocassete, o videotexto, entre outros, antes que se formasse um público de massa para os veículos impressos é um complemento deste quadro desconexo. O Brasil, segundo dados de 1982, é um país em que 15.732.000 dos seus 24.578.000 domicílios têm aparelho de televisão, o que significa que 71.389.000 dos 120 milhões de brasileiros podem ser atingidos pela TV, mas a tiragem total de jornais não alcança a casa dos 2 milhões de exemplares.[9]

É evidente que esse fenômeno não ocorre por acaso. Ele se dá por uma série de motivos. Primeiro, porque grandes empresas transnacionais têm interesse permanente de ampliar seus mercados e o

Brasil é um país interessante para a compra de equipamentos de produção e transmissão de televisão e qualquer outra tecnologia da comunicação. Segundo, porque — no caso específico da televisão que é o que mais interessa neste estudo — o vertiginoso crescimento da TV no País era condição essencial para o sucesso do modelo econômico adotado a partir de 1964. O Estado jogou alto para que o número de aparelhos de TV se disseminasse pelo Brasil: construiu um moderno sistema de microondas, abriu possibilidades de crédito para a compra de receptores, forneceu a infra-estrutura indispensável para a sua expansão. E os objetivos a serem atingidos com esse processo não eram apenas de ordem ideológica como os mais ingênuos acreditam. A televisão teve como função a partir de 64 a operação de acelerar o processo de circulação do capital para viabilizar a forma de acumulação monopolista adotada desde então. Como explica Javier Esteinou Madrid,[10] através do discurso publicitário na TV que atinge milhões de pessoas todos os dias, pode-se catalisar substancialmente a fase do consumo massivo que o circuito do capital em sua etapa contemporânea de reprodução ampliada requer para reproduzir-se como capital produtivo (ou seja, para consolidar-se como processo de valor que gera valor a partir da mais-valia extraída da força de trabalho assalariado no processo de produção capitalista).

Por outro lado, a circulação dos jornais não aumenta não só pela razão mais evidente do empobrecimento do povo brasileiro no decorrer dos últimos vinte anos. Se no início dos anos 50 havia 10,6 exemplares de jornais para cada brasileiro e na década de 80 chegamos a 3,5, esse descompasso também se deve, como explica José Marques de Melo,[11] porque às próprias empresas jornalísticas não interessa elevar tiragens se elas conseguem ter lucros enormes, no caso dos diários de prestígio, sem precisar vender muito. Se os anunciantes os programam com tiragens reduzidíssimas (163.000 exemplares do *Jornal do Brasil*, 213.000 de *O Globo*, 240.000 *Folha de S. Paulo* e 186.000 de *O Estado de S. Paulo*, em 1982, de acordo com estatísticas nem sempre confiáveis)[12] e isso lhes proporciona rentabilidade maior do que a de jornais norte-americanos (*O Estado de S. Paulo* ganhava em 1976 0,12 dólar por exemplar vendido enquanto *The New York Times* lucrava 0,06 dólar por exemplar), para que gastar mais com papel, complicar a operacionalidade e ter mais trabalho? "Conformando-se com o perfil de informadores e formadores de elite, os donos de jornais conseguem manter a receita publicitária suficiente para cobrir gastos e propiciar lucros satisfatórios."[13]

Desta forma, o Brasil é uma sociedade cuja indústria cultural gira em torno da televisão. Embora o rádio ainda seja o meio de comunicação de maior penetração (presente em 76% dos domicílios em 1980, enquanto a TV só aparece em 55%),[14] a televisão é o mais influente. Primeiro, porque nas áreas urbanas, onde se concentram 80 dos 120 milhões de brasileiros, a presença da TV e do rádio é quase igual: 79% dos domicílios têm aparelho receptor de rádio e 73% de TV.[15] Segundo, porque o próprio rádio segue o mote da televisão. Com raras exceções, em especial nas regiões amazônicas, quem faz sucesso e tem prestígio é quem aparece na televisão. O brasileiro se informa e se diverte basicamente com a TV.

É também a televisão quem domina a verba publicitária nacional. 59.3% de todo o dinheiro investido em publicidade em 1981 (dados mais recentes) [16] ficou com a televisão, enquanto 17,4% foi para os jornais, 11,6% para as revistas, 8,6% para o rádio. Trata-se de uma soma de cruzeiros considerável: no primeiro semestre de 1983, qualquer coisa em torno de 170 bilhões de cruzeiros.[17]

Tudo é anunciado em televisão. É o único meio capaz de dar confiabilidade e garantia ao anunciante. Chega-se ao absurdo de se ter nas telas de TV para uma platéia potencial de 71 milhões de brasileiros, dos quais apenas 0,86% ganha mais do que 20 salários mínimos uma campanha publicitária para a venda de diamantes só acessíveis a uma reduzida parcela destes 0,86%. Ao mesmo tempo em que os anunciantes recorrem todos (do produtor de diamantes ao de sabonetes) à televisão, não deixam, por questão de prestígio ou tráfico de influências, de programar veículos impressos que muitas vezes têm tiragens quase desprezíveis e que sobrevivem como fantasmas sem leitores mas com publicidade.

E quem é a televisão brasileira? A Rede Globo de Televisão continua sendo a rainha inquestionável, apesar dos assédios que vem sofrendo desde 1982. A Globo abocanha 62,5% da verba de publicidade destinada à televisão,[18] o que significa um faturamento em torno dos 230 bilhões de cruzeiros em 1983, aproximadamente, só em termos de anúncios. Em segundo lugar, vem o Sistema Brasileiro de Televisão, a TV-S de Sílvio Santos, com 15,3% da verba publicitária; em terceiro, a Rede Bandeirante de Televisão, com 12,8% do faturamento. Na audiência, a Globo fica com 72% numa média nacional ponderada relativa ao ano de 1982 no horário das 18 às 22 horas, enquanto a TV-S conta com 13% e a Bandeirantes com 6%.[19] Embora ainda não se disponha de números definitivos em relação a 1983, sabe-se que no decorrer deste ano acirrou-se a disputa entre Globo e TV-S, em particular na praça de São Paulo e nos horários matutino e vespertino. No horário nobre, mesmo em São Paulo, a Globo continua com mais de 50% da audiência, em especial na faixa das 20 às 21 horas, que é a que mais interessa a este trabalho, por ser a do *Jornal Nacional*.

A Globo tem 41 estações afiliadas, cobre 95% dos domicílios brasileiros que têm aparelho de televisão e emprega 5.500 funcionários. Sua principal concorrente, a SBT, tem 22 emissoras afiliadas, chega a apenas 10 Estados da Federação e conta com 2.500 funcionários. Em compensação, a rede SBT foi fundada em agosto de 1981, graças a uma concorrência cujos critérios ainda não ficaram totalmente esclarecidos uma vez que grupos reconhecidamente mais capazes tanto jornalística quanto empresarialmente foram preteridos, enquanto a Rede Globo transmite desde abril de 1965.

O que esta televisão tem mostrado ao povo brasileiro que, na sua imensa maioria, a tem como principal (senão única) fonte de informação e entretenimento? A análise da programação não pode ser feita em termos de números absolutos, como algumas pesquisas ingênuas fazem: não se pode considerar o total de horas transmitido pela TV-Universitária de Natal igual às horas do horário nobre da Globo. Assim, não tem sentido, por exemplo, considerar que ainda há no Brasil uma forte influência estrangeira sobre a programação.

A tendência que Straubhaar [20] indicava em 1981 realizou-se plenamente. Se os brasileiros assistem, em média, 3,21 horas de televisão por dia,[21] é quase seguro que assistam todo este tempo a programas nacionais. Toda a programação da Globo das 17h às 23h 30m é produzida no Brasil. Praticamente toda a da SBT também. Emissoras que ainda contam com parcela considerável de programação vinda do Exterior têm audiências bastante reduzidas. Isto não significa que a influência norte-americana sobre a televisão brasileira tenha terminado. Ela permanece através dos conceitos televisivos que são provenientes dos Estados Unidos, desde o ritmo e esquematização dos telejornais até os enquadramentos e divisão do tempo dos seriados. Permanece também a fortíssima presença de anunciantes cujo capital é transnacional ou de origem norte-americana. Igualmente, grande parte das agências publicitárias encarregadas de programação dos veículos para os anunciantes têm capital estrangeiro. Finalmente, boa parte do material noticioso internacional apresentado pelas emissoras brasileiras vêm de agências internacionais, embora a Globo possua razoável contingente de correspondentes no Exterior.

O gênero de programa que domina o horário nobre da televisão brasileira é a telenovela, considerada pelos críticos como uma formulação tipicamente nacional. A Globo apresenta quatro novelas diárias das 17h às 23h 30m e a SBT três. Os programas de humor, os *shows* musicais e o telejornalismo vêm em seguida como gêneros mais importantes na programação.

Em relação à televisão, ainda há que ressaltar a singular posição de destaque representada pelo Estado. Mais do que em relação aos demais meios de produção da indústria cultural, é em relação à TV que ele vai desempenhar papel de fiscalizador e interventor. Além de poder concedente (só operam com televisão as empresas selecionadas por ele), o Estado ainda dispõe de poder de censura e é um dos principais anunciantes de que dispõe o veículo. Assim, enfeixa em suas mãos uma gama de possibilidades para exercer pressão e controle sobre o que a televisão veicula. Ou de forma ostensiva, através de censura prévia (como a que sofreram todos os telejornais até 1980) ou posterior (como ocorreu com diversas novelas e séries da Globo ao longo dos anos), ou de forma velada, alegando desde critérios técnicos (como a lacração dos transmissores da Rede Bandeirantes em julho de 1983, durante uma greve nacional de trabalhadores) até o desejo da comunidade (como quando a Globo foi obrigada a tirar do ar a série *Amizade Colorida*) ou simplesmente usando o poder de barganha de que dispõe qualquer anunciante importante, o Estado influencia e intimida a ação da televisão no Brasil de forma decisiva.

I.4. A Rede Globo de Televisão

Foi através do Decreto n.º 42.946, de 30 de dezembro de 1957 que o presidente Juscelino Kubitschek outorgou à Rádio Globo S.A. concessão para estabelecer uma estação de radiotelevisão na cidade do Rio de Janeiro. Quase vinte anos depois, em agosto de 1976, quando morreu o presidente Kubitschek, a Globo não pôde mencionar em seus noticiários o fato de que ele tinha tido seus direitos políticos cassados e foi obrigada a não carregar nem na carga de emotividade causada pelo acidente que o vitimou nem no realce à sua carreira política e realizações administrativas.[22]

Neste meio tempo, a Globo realizou uma revolução técnica, gerencial e artística na televisão do Brasil. Não parecia que iria chegar a tanto quando entrou pela primeira vez no ar em 1965 o Canal 4 do Rio de Janeiro. Em menos de quatro anos, assumiria a liderança absoluta de audiência, a ponto de convertê-la em virtual monopólio e tornar comum a acusação de que se transformara numa espécie de um ministério extra-oficial da informação no País.

Nos primeiros seis meses, nada conseguiu. Mas uma série de fatores acabaria por modificar radicalmente o panorama. Por um lado, havia um "contrato de assistência técnica" entre a Globo e o grupo norte-americano Time-Life, assinado ainda durante o governo Goulart mas efetivado a partir de 1965, através do qual a emissora brasileira recebeu 5 milhões de dólares até abril de 1966, além de pessoal especializado e equipamentos sofisticados.[23] De outro lado, havia a decadência e cassação da concessão da TV Excelsior, pertencente à família Simonsen que tinha estreitas ligações com o governo Goulart e caiu em desgraça após o golpe militar de 1964. Sérgio Caparelli percebe nesses episódios a criação de um modelo brasileiro de desenvolvimento apoiado no capital estrangeiro no campo econômico seguido de um conflito aberto entre o capital nacional e o capital estrangeiro aliado a grupos nacionais que, no caso da indústria cultural, ganhou grande repercussão pública devido ao poder de veiculação de informações que tinham os que se sentiram prejudicados com a operação Globo/Time-Life, em especial os Diários Associados através de seu presidente, senador João Calmon.[24]

E também houve o acaso. Em janeiro de 1966, logo depois de Walter Clark, um homem de *marketing* e não do mundo artístico, ter assumido a direção-geral da Globo (o que contrariava uma tradição na televisão brasileira, sempre nas mãos dos artistas), o Rio de Janeiro sofreu as piores inundações e desmoronamentos de sua história. Walter Clark mandou colocar as câmaras na rua e transformou os estúdios do Jardim Botânico numa central de recolhimento de donativos aos desabrigados. Criava-se um caso de amor entre a Globo e os cariocas que só seria rompido em 1982, quando a emissora tentou impedir a consagração de Leonel Brizola como governador do Estado e teve, pela primeira vez, seus automóveis e funcionários agredidos e apedrejados pela população do Rio de Janeiro.

A cobertura das enchentes conquistou o Rio de Janeiro. A Excelsior definhava e a Globo aproveitava o espaço vazio para conquistar audiência com nomes de artistas veteranos e conhecidos: Chacrinha, Raul Longras, Jacinto Figueira Jr., Dercy Gonçalves, Flávio Cavalcanti, num esquema de "Ibope a qualquer preço" que a TV-S tentaria novamente a partir de 1981 para combater a própria Globo.

Walter Clark comandava uma equipe de profissionais, executivos. Joe Wallach, experiente gerente de emissoras nos Estados Unidos, foi contratado para cuidar da área administrativa. José Ulisses Arce, antigo homem de mercado, ficou na área de vendas. Mais tarde, viriam "o bruxo" Homero Icaza Sanchez para a pesquisa e José Bonifácio de Oliveira Sobrinho, o Boni, para a produção e programação.

Em 1966, a TV-Paulista Canal 5 passou das Organizações Victor Costa para a Globo. Enquanto o escândalo Time-Life ganhava grande repercussão nos jornais e nas casas legislativas, a Globo tratava de ganhar audiência sob a filosofia de que ela era um hábito. Assim, não interessava ter um programa bem colocado, era preciso tomar a liderança de audiência em qualquer horário para criar o hábito.

A identificação entre o regime militar e a Globo era indisfarçável. A Comissão Parlamentar de Inquérito da Câmara dos Deputados que investigou o caso Time-Life aprovou por unanimidade o parecer do relator, deputado Djalma Marinho, segundo o qual os acordos entre a Globo e o grupo americano infringiam o artigo 160 da Constituição da República. Mas o procurador-geral da República e o presidente Castello Branco, em março de 1967, decidiam que a operação havia sido legal, o que seria referendado em 1968 pelo presidente Costa e Silva. No ano seguinte, 1969, o Time-Life retirava-se da Globo que, a esta altura, já se preparava para ser rede nacional, o que se tornara possível com a expansão e modernização dos serviços de telecomunicações através de sofisticada rede de microondas construída com o dinheiro arrecadado pelo Fundo Nacional de Telecomunicações e gerenciado pela recém-criada EMBRATEL (de 1965) e pelo Ministério das Comunicações (que surgiu em 1967).[A]

A Rede Globo começava, assim, a cumprir o destino que seu diretor-presidente, Roberto Marinho, havia traçado, com o assentimento e o apoio inegável do regime militar:

> "Procuramos fazer com que ela seja, de fato, um poderoso instrumento de consolidação da unidade nacional. Atingindo praticamente todo o território nacional, acredito ser evidente a contribuição da Rede Globo para a intensificação da difusão e do intercâmbio daqueles conceitos e dados de natureza cultural, social e moral — sem falar na informação pura e simples — que constituem a base do desenvolvimento nacional em todos os campos e em todos os níveis." [25]

A Globo crescia, transformava-se numa enorme fábrica de sonhos, especializando-se em novelas que passou a fazer cada vez melhor. Por outra obra do acaso — o incêndio que destruiu por completo todas as suas instalações em São Paulo no ano de 1969 —, passou a gerar toda a programação do Rio de Janeiro. Deu certo do ponto de vista operacional e não se voltou mais ao esquema antigo.

Com a liderança de audiência consolidada, assistindo de camarote à degringolada da Tupi e usufruindo dos benefícios da tecnologia de comunicações cada vez mais sofisticada de que dispunha o País (estação rastreadora de satélites, que deu à Globo a chance de incorporar-se à rede mundial que transmitiu a chegada do homem à Lua em 1969 e lhe garantiu picos extraordinários de audiência; sistema de TV a cores, inaugurado em 1972 e logo aproveitado pela Globo que produziu a primeira telenovela colorida em 1973), pôde dar-se ao luxo de passar a ter veleidades artísticas e de impor o "padrão Globo de qualidade". Abandonou um a um os ídolos popularescos que lhe haviam garantido os primeiros ibopes. O último a sair foi Sílvio Santos, em 1976.

A fartura do monopólio de audiência lhe permitiu ampliar a produção nacional e a Globo começou a sonhar com o mercado externo. A abertura política lhe deu a chance de tornar a programação mais vinculada com a realidade nacional e vieram, em 1979, as séries brasileiras. A partir desse ano, as exportações passaram a crescer de importância e a render prestígio e dividendos. Desde meados da década de 70 que a Globo tratava de contratar o que havia de melhor disponível no mercado, de Oduvaldo Viana Filho e Paulo Pontes, passando por Dias Gomes e Lauro Cesar Muniz no campo da dramaturgia até chegar a Paulo Autran, Fernanda Montenegro, Maria Della Costa e Walmor Chagas, entre outros grandes intérpretes do Teatro, Jô Soares, Chico Anisio no Humor, José Hamilton Ribeiro, Antonio Carlos Ferreira no Jornalismo, Roberto Carlos, Elis Regina na Música Popular, e assim por diante.

Em 1982, pela primeira vez em mais de treze anos, a Globo viu-se acossada na audiência com a ascensão dos índices, em especial nas camadas mais populares do publico e nos horários da manhã e da tarde, do Sistema Brasileiro de Televisão. A reação foi imediata, com a recontratação de Chacrinha, a mudança de estilo em alguns programas humorísticos, a criação do *Caso Verdade* (mininovelas no horário de fim de tarde para concorrer com *O Povo na TV*), fim das séries brasileiras, recuperação do horário das 22 horas com uma telenovela, fechamento do artisticamente ambicionado núcleo de produção de São Paulo dirigido por Walter Avancini.

Nada que possa assustar, por enquanto. Se em São Paulo por vezes a liderança periga até em horários nobres, no Rio de Janeiro, apesar das rusgas com o público devido ao incidente das apurações eleitorais (as quais o próprio governador Brizola tratou de aparar com uma atitude conciliatória que não deixou de incluir visitas de cortesia e mimos ao sr. Roberto Marinho, convidado até para integrar o Conselho Estadual de Cultura), assim como no resto do País, a Globo continua com mais de 2/3 da audiência garantidos.

Mas hoje já não há tanta segurança. O regime militar está, sem dúvida, mais fraco do que nunca neste final de 1983. Embora ainda possa muito — inclusive fazer da Globo porta-voz exclusivo da Presidência da República e de muitos Ministérios em concorrência jornalística desleal com outros veículos —, já não tem mais condições de privilegiá-la como nos tempos do milagre. Clark e Icaza Sanchez já não estão mais na direção. Ninguém quer acreditar na possibilidade dentro da Casa, mas Roberto Marinho deve morrer mais cedo ou mais tarde (já está com 78 anos). E aí, o que será da Globo?

I.5. *Telejornalismo*

Em praticamente todos os países do mundo, o Estado exerce uma função normativa em relação à exploração de canais de televisão, mesmo onde tal exploração é realizada com objetivo de lucro.

Normalmente, são estabelecidas regras gerais que devem ser obedecidas pelas concessionárias dos canais de TV em seu procedimento diário. Quase sempre, entre tais regras, há uma em que se exige do grupo que controla a emissora a prestação de serviços informativos ao público.

O telejornalismo, embora possa ter grandes audiências, é tido originalmente pelos empresários de televisão como um gênero de programa pouco atrativo em termos de público. Tanto é assim, que nos Estados Unidos, país protótipo da exploração comercial de televisão, o noticiário diário não ocupa o horário nobre e só há pouco tempo passou a contar com uma extensão de espaço mais vultosa.

O telejornalismo é, desta maneira, nos países em que há a livre-iniciativa no negócio televisivo, um tipo de programação que rende mais prestígio do que dinheiro e, portanto, não recebe as atenções prioritárias da empresa nem o grosso das verbas de produção. Edward Jay Epstein explica que o jornalismo na televisão, ao contrário do que ocorre na imprensa, não atrai seus consumidores apenas pela qualidade do noticiário que é capaz de produzir. Ao contrário, depende substancialmente de fatores que lhe são externos, dentre os quais dois se destacam: a abrangência geográfica da rede que o transmite e o chamado "fluxo de audiência" que ele herda dos programas que o antecedem ou recebe da expectativa gerada pelos que o sucedem.[26]

Isso significa que nem o melhor telejornal possível conseguirá uma grande audiência se for transmitido por uma rede que conta com pequeno número de estações afiliadas e só consegue atingir parcela diminuta do total da população de um país. Será inútil igualmente um telejornal de excelente qualidade que se coloque numa programação que, de um modo geral, não consegue atrair a atenção da audiência. Poucos espectadores deixarão de ver seu programa de entretenimento preferido para escolher um telejornal de melhor qualidade do que aquele que a estação do seu *show* predileto vai lhes oferecer.

Epstein cita um vice-presidente de uma das redes de TV norte-americanas, não identificado:

> "Eu gostaria que todos os espectadores escolhessem o programa que mais os interessasse a partir de uma escolha entre todos os competidores; isto tornaria meu trabalho muito mais fácil. Infelizmente, não é assim que as coisas funcionam; os hábitos de audiência são governados mais pela lei da inércia do que pela da livre escolha. A não ser que haja uma razão muito forte para trocar de canal, como uma final de campeonato, as pessoas continuam assistindo aos programas da emissora que elas sintonizaram em primeiro lugar."[27]

Deste modo, há pouca relação — muitos acreditam que não haja qualquer relação — entre a qualidade ou a extensão do noticiário apresentado em um telejornal e os índices de audiência por ele obtido. Se um executivo de televisão quer aumentar os números do IBOPE de seu telejornal, ele tem alternativas muito mais atraentes à sua disposição do que melhorar o nível jornalístico: aumentar a extensão do alcance de seu sinal, ampliar o número de estações afiliadas à sua rede, encaixar o telejornal no meio de dois programas de grande popularidade, contratar grandes nomes que, por si só, sejam capazes de atrair público para apresentar as notícias, entre outras. Em relação à qualidade, é preciso apenas manter o mínimo nível que não provoque os espectadores a mudarem de canal. Mesmo porque, conforme o argumento de Epstein, só os espectadores excepcionalmente bem informados são capazes de perceber que determinado telejornal deixou de cobrir um assunto importante ou que sua cobertura foi pior do que a da concorrência.[28]

Dentro desta lógica, a estratégia da Rede Globo quando decidiu lançar o *Jornal Nacional* em 1969 foi absolutamente perfeita. Aquele seria o programa de prestígio da casa. Para que tivesse uma audiência garantida, ficaria espremido entre duas telenovelas, já então o gênero mais popular e com uma fórmula que se mostraria imbatível ao longo dos anos: às 19 horas, um enredo mais leve e bem-humorado e às 20 horas outro mais adulto e dramático. No meio delas, um telejornal que desse à dona-de-casa o tempo certo para colocar o jantar na mesa e ao chefe da família a chance de inteirar-se, mesmo que superficialmente, dos principais assuntos do dia. Como será visto na próxima seção, com o tempo as coisas se alteraram um pouco. Mas para aquele momento, a fórmula funcionaria às mil maravilhas. A preocupação com o conteúdo era mínima, se não nula. O importante era manter o fluxo da audiência, demonstrar força com um programa que atingisse todo o Brasil ao mesmo tempo e extrair prestígio do noticiário, tanto da parte do público como das autoridades governamentais.

Diante deste raciocínio frio de mercado, coloca-se a questão: qual o conceito de notícia para o telejornalismo? Que ele difere, na prática, do conceito de notícia para o jornal impresso, não há dúvida. Intuitivamente pode-se percebê-lo e uns poucos estudos empíricos o comprovam. Um deles, feito em 1977 em São Paulo demonstrou que, ao longo de uma semana típica, apenas 37% das notícias que estiveram nas primeiras páginas dos jornais mais importantes do Brasil apareceram nos telejornais das três redes nacionais de televisão e menos de 1/4 dos assuntos que ocuparam as "cabeças" das páginas internas foram apresentados pela televisão.[29]

Os teóricos da comunicação jornalística apontam o interesse humano e a carga conflitual como os predicados mais importantes para uma notícia ser selecionada por um telejornal.[30] A possibilidade de receber uma boa ilustração visual é outra característica importante para que um assunto seja incluído na relação dos que serão apresentados aos telespectadores. E, dependendo da situação conjuntural política, o conteúdo crítico de uma notícia pode provocar sua eliminação imediata. Há uma forte tendência à preferência por assuntos pitorescos, triviais, úteis e isso pode ser constatado também do relato que praticantes do telejornalismo fazem. Gontijo Teodoro, que foi diretor de telejornalismo da TV Tupi do Rio de Janeiro, lista os critérios de escolha de notícias e começa com a "filosofia da casa" ou os interesses dos anunciantes, seguindo por: interesse humano, proximidade, importância (definida através do impacto emocional que a notícia pode provocar no público), dinheiro (informação que envolva vultosas quantias), sexo, conflito, gente famosa, atos de heroísmo, descobertas e invenções, disputas, crimes.[31]

Se esta é a lógica da seleção de informações em televisão, aparentemente consensual inclusive internacionalmente dentro do modelo norte-americano de televisão, então não há razão para surpresas quando se constata que o nível de informação do telespectador padrão é baixo. Mas a coisa não é tão simples.

Teun van Djik, num estudo de grande importância para a estrutura conceitual deste trabalho, demonstra que há uma lógica interna no discurso noticioso dos meios de comunicação de massa, mas que também há uma lógica externa com a qual a interna tenta afinar-se e que ajuda a determinar o sentido que o discurso terá no momento em que for consumido pelo público. O entendimento real de um discurso noticioso depende não apenas de sua estrutura manifesta mas também das estratégias de interpretação e representação. Em outras palavras, a estrutura do discurso noticioso é, no final, aquela que é dada ao texto pelo espectador, o conjunto de expectativas que o espectador possui antes mesmo de consumi-lo.[32]

É evidente que este raciocínio não pode ser aplicado a uma informação que o público não recebeu. Se o espectador não sabe que um determinado fato ocorreu, não pode ter nenhum juízo de valor sobre ele nem pode interpretá-lo de forma diferente da que o emissor da mensagem pretendeu que ele interpretasse. Contra a censura, é difícil agir. Mas em outras situações, um assunto que foi programado com o objetivo de ridicularizar ou denegrir um personagem pode ser interpretado de forma diferente pelo espectador. A afixação de índices léxicos com conotação negativa a determinados temas ou personalidades pode ter uma reversão de expectativas conforme o tipo de espectador que os consome. Isto pôde ser observado, como será melhor descrito na exposição das conclusões a respeito da observação empírica deste estudo, no trabalho de campo realizado para a execução desta tese. O noticiário relativo à greve dos metalúrgicos do ABC de 1980 foi produzido pela Rede Globo com a clara intenção de prejudicar o movimento sindical e oferecer uma imagem simpática do governo. A percepção desses objetivos foi tão clara que alguns funcionários da Globo chegaram a ser hostilizados pelos grevistas no Estádio de Vila Euclides. Mas no Nordeste do Brasil, no bairro operário de Lagoa Seca, em Natal, Rio Grande do Norte, as expectativas da audiência eram outras e a simples menção e divulgação da existência e continuidade da greve do ABC, apesar de toda a carga pejorativa que a Globo lhe apunha, tiveram o efeito de catalisar interesses e ajudar a organização dos trabalhadores locais.

Assim, quem realiza uma análise de conteúdo tentando perceber corretamente o que o autor do noticiário quis dizer pode estar cometendo um equívoco ao generalizar e pretender que todos os receptores reagiram da maneira como o autor pretendeu. Ainda mais no caso do telejornalismo em que as unidades informativas são curtas (raramente uma notícia ultrapassa 120 segundos), não há possibilidade de se rever a notícia, a leitura exige um certo treinamento específico (em especial as "pistas" visuais, através de efeitos como o "cromaqui", cujo significado muitas vezes não é sequer percebido pelo público, conforme também será descrito adiante) e o nível de retenção é baixíssimo.

Muitas vezes exagera-se muito o poder do telejornalismo. Um estudo norte-americano revela que mesmo um grupo de pessoas composto por indivíduos de bom nível de escolaridade e às quais se pediu que prestassem especial atenção ao noticiário de uma noite específica na televisão não foi capaz de recordar 25% das matérias assistidas apenas alguns minutos depois de encerrada a emissão.[33] É evidente que, estimuladas por alguém que lhes recorde determinados assuntos, as pessoas conseguirão reencontrar na memória suas impressões a respeito, como este trabalho irá demonstrar. Mas numa situação mais típica, a maioria das informações transmitidas por um telejornal não fica retida na cabeça dos espectadores nem por uns poucos minutos.

Mais uma vez, o que vai determinar em grande parte a memorização ou não de determinada notícia é, em grande parte, o que o espectador espera: "Os objetivos, a perspectiva e os interesses do espectador por um lado e a organização semântica do discurso por outro é que indicam quais os tópicos que serão retidos na memória." [34]

Resta ressaltar que a organização semântica do telejornalismo não é constituída apenas pelo discurso verbal. O não-verbal exerce um papel importante. Há o *timing* do noticiário, com uma série de implicações ideológicas quase imperceptíveis,[35] há todo o processo de edição que transforma a função do jornalista na televisão em alguma coisa muito diversas da que ela é na imprensa, como bem define Thomas Whiteside:

> "...a natureza da televisão torna peculiarmente difícil a alguém adivinhar sua habilidade para perceber a realidade tentando apenas separar a ação original da série de imagens eletrônicas que a representam, porque o que está envolvido não é simplesmente o assunto perante as câmaras ou o processo editorial instantâneo, mas também a reação de toda a audiência. A realidade do processo de televisar consiste apenas de *todo* o trabalho, todo um complexo cibernético de elementos mútua e instantaneamente ajustados, no qual o ato de observação inerente a si próprio tende a modificar aquilo que está sob observação. O processo é como um homem a caminhar num corredor de espelhos, ao longo do qual não apenas seus reflexos mudam mas o próprio homem, algumas vezes, se altera enquanto anda." [36]

I.6. Jornal Nacional

No dia 1.º de setembro de 1969 o *Jornal Nacional* da Rede Globo de Televisão foi ao ar pela primeira vez. Já foi diversas vezes ressaltado por vários autores que seu surgimento coincide com o endurecimento do regime militar. Ele inaugurou um novo estilo de jornalismo na TV brasileira. Primeiro, por iniciar a era do jornal em rede nacional até então inédito entre nós. Depois, por consolidar um modelo de *timing* da informação em que a fragmentação dos fatos em espaços de tempo curtíssimos e a obsessão pelo que ocorre "agora" é tão grande que chega ao ponto de quase eliminar informações de *background* que ajudariam o espectador a localizar-se e transformar o noticiário numa espécie de telenovela de fatos reais na qual o espectador que perde um dia do "enredo" sente dificuldades de situar-se diante deles no dia seguinte porque as informações pressupõem a audiência ao programa da véspera. Terceiro, porque consagrou um estilo de apresentação visual requintado e frio, pretensamente objetivo, em que o locutor mostra-se formal e distante e os efeitos especiais e teipes têm importância decisiva, como nunca até então no telejornalismo brasileiro. Quarto, pela extensão dos assuntos abrangidos, com a instalação de escritórios no Exterior, correspondentes em diversos países e em praticamente todos os Estados. Finalmente, por ter-se transformado no principal e, na maioria dos casos, único meio de informação dos brasileiros, sua ponte com o País e o mundo; uma ponte trôpega e enganadora, como qualquer análise crítica mais rigorosa demonstrará, mas — em função do virtual monopólio — de fundamental importância para o País.

Os critérios de seleção de informação, como já se viu na seção anterior, aliados à identificação profunda existente entre a emissora e o regime militar, por certo foram fatores decisivos para a linha editorial oficialista e triunfalista que marcaria o desempenho do *Jornal Nacional* durante toda a década de 70, tempos de "milagres econômicos", ufanismo nacionalista e consolidação do império global.

Foi nesses tempos, em 1973, que o presidente Médici deu uma definição perfeita, ainda que involuntária do que era então o *Jornal Nacional*:

"Sinto-me feliz, todas as noites, quando ligo a televisão para assistir ao jornal. Enquanto as notícias dão conta de greves, agitações, atentados e conflitos em várias partes do mundo, o Brasil marcha em paz, rumo ao desenvolvimento. É como se eu tomasse um tranqüilizante, após um dia de trabalho." [37]

Evidentemente, o Brasil não era a ilha de tranqüilidade que Médici alardeava. O *Jornal Nacional* ignorava os problemas nacionais. E não apenas por responsabilidade sua, como muitos até hoje acreditam. Havia a censura, que podia até encontrar um clima pouco hostil na Globo, mas ela operava. Pelo telefone, chegavam as mais absurdas proibições: não se podia chamar Mao Tse-Tung de *líder* na notícia de seu falecimento, não foi permitido noticiar que a Censura Federal havia proibido a exibição da novela *Despedida de Casado* da própria Globo em 1977, exigiu-se parcimônia e pouca emotividade na cobertura dos enterros de Juscelino Kubitschek e João Goulart, só foram permitidas notas oficiais no noticiário sobre a crise da reforma do Judiciário também em 1977, foram proibidas menções aos célebres *streakings* (desfiles de pessoas nuas que corriam pelas ruas na Europa e nos Estados Unidos em 1976) e até uma entrevista com o ministro da Saúde sobre o surto de meningite teve sua ida ao ar impedida pela censura.

Também é verdade que, muitas vezes, nem era preciso que a censura do governo interviesse. A da própria casa, através dos diretores, e a autocensura de repórteres, copidesques e editores davam conta do recado. O noticiário sobre a greve dos metalúrgicos de 1978 consta ter sido cortado pelo sr. Roberto Marinho em pessoa. Aliás, é no telejornalismo que as atenções de Marinho mais se concentram. Sua presença é sempre sentida através de ação direta ou de seus subalternos diretos. A posição de Armando Nogueira em defesa de uma total neutralidade da informação na sua condição de diretor de telejornalismo é decisiva para o tipo de noticiário que depois vai ao ar: "Nós achamos que interferir com uma interpretação seria uma deslealdade. O nosso objetivo é uma posição isenta, tanto quanto possível, sobretudo nas matérias polêmicas." [38]

Com o fim da censura prévia ao telejornalismo em 1980 (apesar de um fugaz reaparecimento em junho de 1983, quando todas as emissoras foram recomendadas a evitarem notícias sobre a organização da greve nacional de trabalhadores marcada para o dia 21 daquele mês), as relações entre jornalistas do escalão mais baixo da equipe do *Jornal Nacional* e suas chefias tornaram-se mais complexas.

Aqui, confirma-se o que foi dito na primeira seção deste trabalho em relação às contradições no interior dos meios de produção da indústria cultural. Elas mudam de acordo com as mudanças que acontecem na sociedade como um todo e, por sua vez, influenciam os acontecimentos na sociedade como um todo. É o caso do *Jornal Nacional*: o clima de maior liberdade que o País passou a viver de 1979 para cá e a expressão de sentimentos de oposição ao regime cada vez mais claramente majoritários no conjunto da população brasileira alteraram a qualidade das relações internas no *Jornal Nacional*, o que levou a uma alteração, ainda que leve, de seu conteúdo o que, por sua vez, ajuda a ampliar as contradições na sociedade.

Um dos editores do *Jornal Nacional* no Rio de Janeiro faz uma análise do que ocorreu com o noticioso desde que caiu a censura governamental. Ele reconhece que hoje há mais divergência no ar. "A Globo tem de acompanhar a tendência geral." Nem que seja apenas por uma questão de mercado, o tom oficialista do *Jornal Nacional* teve de ser abandonado: "Não podíamos mais continuar tentando vender um produto tão impopular como o ministro Delfim Neto."

Outro editor tem uma analogia para o que ocorre com o seu jornal: "No trem da abertura, a Rede Globo é o último vagão e o *Jornal Nacional* é o último banco. Mas, mesmo chegando atrasados, nós também vamos chegar na mesma estação que a locomotiva." Ele mostra a estratégia que a Rede Globo utilizou para ser mais crítica sem ter que alterar muito o *JN*: deu maior espaço às edições de notícias locais e suprimiu quase todo o controle interno sobre elas. Assim, o assunto mais "picante", a crítica que satisfaz ao público, é fragmentada ao longo do País e concentrada sobre os problemas regionais e o *JN*, apesar de mudar um pouco, prossegue sob o pulso firme de Roberto Marinho e Armando Nogueira.

A razão é simples de se entender. O *JN* é o segundo noticioso do mundo em termos de número de espectadores [B] e tem um impacto considerável sobre a opinião pública. O regime sabe que sua imagem depende muito do que é dito e mostrado ali e a Rede Globo sabe que deve muitos favores a este regime, que continua no poder, apesar de bem mais fraco do que há algumas décadas. As críticas que o sr. Roberto Marinho recebe ao final de cada edição do *JN* são, não raramente, do próprio presidente da República e com freqüência de ministros de Estado. As maiores autoridades da República, como sabem da estreiteza das relações entre a Globo e o Planalto, procuram interpretar as edições do *JN* como se fossem mensagens cifradas do "sistema". No final do outubro de 1983, por exemplo, às vésperas das eleições presidenciais na Argentina, uma matéria extraordinariamente bem cuidada, com quase vinte minutos de duração sobre o clima pré-eleitoral naquele país, de responsabilidade exclusiva da redação do *JN*, foi interpretada pelo governador do Ceará como uma demonstração inequívoca de que o presidente Figueiredo iria promover o retorno das eleições diretas no Brasil. A matéria ainda estava no ar quando o sr. Roberto Marinho recebeu um telefonema do governador do Ceará tentando confirmar sua interpretação que era, é óbvio, totalmente infundada.

O poder de fogo do *JN* é muito grande. Uma reportagem mostrando a incineração de pintinhos por produtores insatisfeitos com o preço de mercado dos animais, em outubro de 1983, fez com que mais de 50.000 pessoas indignadas de todas as partes do País ligassem para as afiliadas da Globo e para a Central do Rio de Janeiro, congestionando todos os troncos da Globo no País. Uma reação em massa que dá boa dimensão do que representa o principal noticiário televisivo do País.

Por isso, um membro da coordenação nacional de produção do *JN* afirma que, muitas vezes, as notícias por ele veiculadas não precisam dizer tudo para serem entendidas: "Basta que nós levantemos a bola para que os outros chutem." Uma informação simples, sem valoração, já é suficiente para conferir credibilidade a um assunto que até sua divulgação pela Globo seria considerada "coisa de esquerdista". Depois que o *JN* mostrou, ela passa a ser respeitável. "Não precisamos dizer as coisas com todas as letras", argumenta este jornalista, confiando na capacidade do espectador e das organizações da sociedade civil aproveitarem as "dicas" que o *JN* lhes passa discretamente.

Esta operação de fornecer "dicas" envolve riscos para os jornalistas. Eles conhecem mais ou menos os limites. Sabem que determinados temas devem ser negociados com a direção. Outros podem passar sem consulta. "Mesmo nos piores momentos, na década de 70, sempre deu para fazer alguma coisa do ponto de vista político. Tanto, que o governo já acusou a Rede Globo de ter ajudado a proliferar as greves."

A própria direção da Globo tenta liberar um pouco mais o *JN* porque sabe que a desvinculação de sua imagem da de um governo tão impopular é questão de sobrevivência para ela mesma. Um outro editor do *JN* explica que a idéia de Roberto Marinho de conceder ao presidente da República um horário para ele sozinho expor suas opiniões ao público (o programa *O Povo e o Presidente*) teve como objetivo principal permitir maior desenvoltura e liberdade ao *Jornal Nacional*.

O processo é todo complexo e cheio de meandros. Qualquer observador arguto do *JN* sempre percebeu que os políticos do governo tinham espaço de tempo muito maiores que os da oposição. Sem dúvida que isto se devia a uma política da casa de prestigiar o regime e esvaziar as oposições. Mas, em parte, também era o resultado, segundo o relato de um editor do *JN*, de um discurso muito radical dos políticos da oposição. "Normalmente, mesmo depois de 1980, não se salvava nada do depoimento de um deputado, já que era evidente que não poderíamos colocar no ar expressões como ditadura militar." Aos poucos, como explica esse editor, os oposicionistas foram aprendendo a falar à Globo, moderando o tom retórico, mas nem por isso deixando de expor suas idéias. E foi possível aproveitar seus depoimentos com mais freqüência.

O mesmo editor argumenta que o governo luta com todas as armas que pode para impedir que o jornalismo da Globo se liberte do tom oficialista que até o final de 1970 tanto lhe fez bem. Assim, de acordo com o seu raciocínio, a concessão das duas redes de TV decorrentes da falência da Tupi à Manchete e TV-S tem, entre suas explicações, o desejo do governo de impedir a progressão crítica do jornalismo da Globo. Se os vencedores da concorrência tivessem sido, como se supunha, a Editora Abril e o Jornal do Brasil, a concorrência no jornalismo seria enorme e a disputa obrigaria a Globo a avançar na direção das críticas. Como nem Manchete nem TV-S representam ameaça na área do telejornalismo, as coisas podem ficar como estão.

A crise econômica, de alguma forma, ajuda na liberação do jornalismo da Globo em relação ao governo. As verbas das estatais em publicidade diminuem, o que aumenta a autonomia relativa, pelo menos no que se refere aos anunciantes do Estado.

A autoconfiança e o poder de reivindicação dos jornalistas na redação do *JN* cresceram na década de 80: "Antes, vivíamos em estado de permanente amargura; éramos cobrados em casa, no sindicato, pelos amigos. Hoje, as coisas estão melhorando. É preciso restaurar a crença na informação. É possível passar as informações", desabafa um editor do *JN*, para quem a redação tem hoje outra disposição de ânimo para discutir com Roberto Marinho e a direção da Globo. A própria Globo, enquanto empresa, resolveu partir para uma autocrítica e tem promovido seminários de avaliação interna. Um membro da pauta do *JN* afirma: "Roberto Marinho já desamarrou o *JN* do tom oficialista e só amarra de novo em situações especiais. Cabe a nós, agora, aproveitar os espaços abertos."

Apesar de tanto otimismo, outro elemento da redação, já em nível de segundo escalão, adverte: "A pauta é mais aberta. Pode-se fazer tudo. Mas o que vai ao ar é outra coisa. Nos assuntos delicados, nossa autonomia é mínima, tudo tem que ser negociado com a direção. Já nos assuntos corriqueiros, temos poder de decisão."

Em resumo, o panorama do *JN* a partir de 1980 é diferente em relação ao estereótipo que se criou dele no decorrer dos anos 70. Não muito, mas diferente.

1.7. Estudos de Recepção

Os teóricos que tentaram formular um modelo do processo da comunicação, desde Aristóteles até Berlo, sempre insistiram em colocar nele ingredientes que incluíssem pelo menos três momentos: o da transmissão da mensagem, o da mensagem em si e o da recepção da mensagem. Embora se possa discordar da maneira estática com que a maioria desses modelos procura retratar o processo da comunicação e a ausência, em geral de qualquer referência ao contexto social em que qualquer processo de comunicação humana fatalmente há de se inserir, é quase obrigatório aceitar que nenhum ato de comunicação efetivamente ocorre sem que esses três elementos estejam presentes.

Os estudos de comunicação que povoam a literatura na área, da II Guerra Mundial para cá, normalmente procuram centrar seu foco de interesse em um desses três momentos. As revisões de tais pesquisas que têm sido realizadas também, em geral, as dividem e classificam de acordo com estes três elementos, que podem inclusive ter suas nomenclaturas modificadas (produção, conteúdo e consumo, por exemplo), mas permanecem presentes.

Novamente aqui, é possível discordar do simplismo esquemático de tal divisão, mas é difícil fugir de sua aceitação, nem que seja pela simples força do consenso generalizado. Outro motivo para a aquiescência quase universal a este modelo reside na dificuldade — senão impossibilidade — de se abarcar num só trabalho todos os inúmeros aspectos de um processo de comunicação real como um todo. Por mais que se tenha em mente a totalidade do processo, é quase imprescindível efetuar uma divisão artificial nele a fim de que se consigam melhores efeitos didáticos e de apreensão da realidade.

Assim, esta pesquisa pode ser classificada como um estudo sobre a recepção ou o consumo de um determinado bem cultural por uma parcela específica do público. Portanto, é interessante que se tenha uma noção geral do que se tem feito até aqui em relação à recepção dos meios de comunicação de massa.

Os estudos de recepção estão entre os mais numerosos na literatura internacional de comunicação de massa. O motivo é simples: a preocupação com os *efeitos* desses meios sempre foi a dominante, não apenas por motivos políticos (os norte-americanos, durante e logo após a II Guerra Mundial estavam extremamente interessados em conhecer qual a influência que a propaganda alemã e, mais tarde, a soviética poderia ter sobre sua população, bem como a que a sua própria propaganda poderia ter sobre as pessoas em outros países) como por razões econômicas (emissoras de rádio e de TV e os anunciantes desejavam ter exata dimensão não apenas do número de pessoas que estavam sintonizados em seus programas, como também das possíveis reações delas a seu conteúdo).

Realizando uma revisão da literatura mundial dos *efeitos* da comunicação de massa sobre as pessoas, a UNESCO identifica, num primeiro momento, uma visão de que "as massas encontram-se à mercê do comunicador, que pode influenciá-las mais ou menos conforme o seu desejo".[39]

Com o correr do tempo, o panorama modificou-se de forma substancial, não apenas em decorrência do aparecimento de novas pesquisas que demonstrariam o caráter falacioso daquela interpretação (das quais a primeira a ter grande impacto entre os cientistas sociais foi o célebre estudo de Berelson, Lazarsfeld e McPhee sobre as eleições presidenciais norte-americanas de 1948 e a influência que rádio e jornais tiveram sobre o comportamento do eleitorado da cidade de Elmira, Estado de Nova Iorque),[40] como também dos próprios interesses dos principais expoentes da indústria da televisão que se assustaram com a pressão social provocada pelas interpretações apressadas das pesquisas que aparentemente indicavam um grande poder de manipulação dos meios de comunicação de massa sobre as mentes dos consumidores e acabavam por gerar sentimentos generalizados no público de que era necessário algum tipo de controle social sobre eles. De um extremo, caiu-se em outro, a ponto de Joseph Klapper[41] ter chegado à conclusão de que, na verdade, os meios de comunicação não exerciam qualquer tipo de influência sobre os espectadores num estudo posteriormente muito criticado, inclusive do ponto de vista ético, por ter sido financiado por uma das três redes nacionais de televisão dos Estados Unidos.

Na verdade, uma série de conceitos de teoria social foram-se incorporando às pesquisas sobre recepção e mudaram a face de suas conclusões principais. A teoria da aprendizagem, as hipóteses sobre motivação e atitudes, o desenvolvimento da teoria da personalidade, a ênfase na seletividade da percepção e da memorização, a formulação de modelos psicodinâmicos de persuasão, a teoria da dissonância cognitiva, a teoria do fluxo de dois passos, a redescoberta da influência de grupos primários sobre os indivíduos, o reconhecimento da existência de grupos de referência, tudo isso ajudou para balancear a pesquisa tradicional a respeito dos *efeitos* da comunicação e a produzir abordagens mais refinadas e elaboradas sobre o assunto.

Ainda assim, os trabalhos levados a efeito dentro de uma perspectiva da tradicional sociologia norte-americana continuaram pecando por alguns vícios conceituais e metodológicos que, apesar de não invalidarem a notável colaboração que trouxeram ao acervo de conhecimentos sobre a comunicação de massa, impediram que conclusões mais conseqüentes fossem deles extraídos.

A própria UNESCO ressalta algumas dessas deficiências em sua revisão da literatura. Por exemplo, aponta para o hábito de operar com uma visão basicamente "atomística" da audiência, segundo a qual seus membros são indivíduos isolados. Mesmo quando alguns autores ressaltam a existência de relações primárias importantes entre as pessoas, tomam os indivíduos como *unidades de análise* por terem sido, freqüentemente por razões de ordem prática, as *unidades de resposta* da pesquisa.[42]

Permanecendo ainda apenas na revisão de literatura de autores que não romperam com a escola sociológica norte-americana, é importante ressaltar o trabalho de George Comstock[43] que, periodicamente, sumariza criticamente os principais estudos sobre televisão realizados nos Estados Unidos e aponta as tendências das linhas de pesquisa. Comstock identifica a cobiça e o altruísmo como os dois principais motores da pesquisa social sobre a recepção da televisão nos Estados Unidos:

> "A cobiça, porque a TV é um gigantesco veículo de vendas e indicações sobre como atingir audiências maiores têm imenso valor financeiro. Altruísmo, porque a TV é encarada como um transmissor potencial de conhecimentos e cultura e pistas para que mais pessoas assistam a este tipo de conteúdo e deixem de assistir ao conteúdo tido como nocivo são socialmente estimadas." [44]

E demonstra estatisticamente que a maioria absoluta das pesquisas sobre recepção de TV tem como objetivo medir o tamanho da audiência, estimar sua atitude em relação ao veículo como um todo ou a programações específicas, constatar o impacto da TV sobre a rotina diária das pessoas ou perceber que tipo de efeitos a TV pode ter sobre a interação social dos espectadores.

Comstock mesmo aponta para limitações de ordem metodológica que comprometem ou inviabilizam uma compreensão mais abrangente em relação ao processo de recepção da TV: não se levam em consideração as diferenças de percepção entre os espectadores, ignora-se o fator *atenção* durante a audiência, confia-se completamente em relatos dos entrevistados a respeito de seu comportamento e atitudes sem nenhum tipo de controle sobre as informações por eles prestadas, entre outras.

A abordagem sociológica norte-americana do problema do consumo da informação televisada começa a ser transformada a partir do trabalho, entre outros, de Hoggart,[45] que ainda se vale dos conceitos tradicionais da escola norte-americana, mas os trata dentro de outra perspectiva: preocupa-se em discernir as experiências cotidianas que atualizam os produtos culturais mais consumidos pelas classes populares, em que medida tais produtos estão de acordo com ou modificam um sistema de atitudes sociais historicamente configurado e como as práticas culturais dos consumidores são capazes de resistir a uma universalização. Como resume Ondina Fachel Leal, Hoggart quer saber "em que medida o código hegemônico assume outros significados, o que nos faz pensar a própria dominação não apenas como um estado homogêneo, indiferenciado e permanente de coisas".[46]

A partir daí, um grupo de estudiosos da comunicação, em diversas partes do mundo, inclusive na América Latina, partirá para uma outra linha de trabalhos de pesquisa sobre a recepção, que coincide com a emergência do pensamento de Gramsci em alguns países e com a ocorrência de eventos históricos de profundo significado em outros. A dimensão das classes sociais e do consumo diferenciado em função delas começa a tomar vulto como ponto de referência desses estudos sobre recepção de comunicação de massa e uma clara linha divisória metodológica, conceitual e política passa a ser demarcada. Michele Mattelart e Mabel Piccini vão afirmar categoricamente: "Ao conceito abstrato de público é preciso antepor públicos que representam tendências, gostos e interesses de classe muitas vezes antagônicos." [47]

Trata-se de uma outra linha de estudos, que tenta obter um outro tipo de dados, com objetivos bastante diferenciados que a sociologia norte-americana tinha:

> "Este estudo se propõe a avaliar o que as pesquisas de opinião negligenciam, ou seja, o efeito da televisão, os procedimentos de consumo, os graus de criticismo ou até de rejeição que podem ser observados no ato de se consumir produtos culturais dominantes; assim, pretende-se refutar o caráter inescapavelmente passivo que se tenta afixar à recepção das mensagens destinadas às massas." [48]

O trabalho de Mattelart e Piccini no Chile tem uma importância histórica inestimável para a pesquisa em comunicação. Elas rompem com os seus próprios pressupostos teóricos (frankfurtianos, na maioria), quando constatam que não há uma conspiração ideológica onipresente na comunicação de massa, como corretamente ressalta Fachel Leal.[49] Constatam, a partir do contato direto com a realidade cotidiana dos espectadores de televisão das classes populares, que eles produzem um sentido particular para os objetos culturais do repertório burguês e que, em suma, há uma decodificação diferenciada desses objetos, não há uma leitura universal. Acabam por concluir que a cultura popular é a cultura de conteúdo transformador, que é capaz de transformar a mensagem da televisão em algumas situações, embora a produção cultural da televisão possa vir a legitimar-se (e isso ocorre com freqüência em algumas situações) quando consegue interpretar as representações coletivas que asseguram a coesão do sistema e a circulação nos diversos grupos sociais das idéias hegemônicas.

No Brasil, a crítica ao trabalho de pesquisa da recepção enquadrado na escola sociológica norte-americana (ainda amplamente majoritária em termos numéricos e combatida até pouco tempo atrás apenas pelo pessimismo elitista dos discípulos de Frankfurt) é liderada pelos estudos de Michel Thiollent que defendem a utilização da pesquisa-ação.[50]

Dele é que virá o alerta:

> "O ponto de partida metodológico está na constatação das insuficiências, ou até dos equívocos, da pesquisa em comunicação quando se pretende captar o lugar da televisão, a partir de simples mensurações de audiência, dentro de um padrão de análise emissor/receptor separado de uma análise das estruturas de classes. Estruturas essas que determinam, de um lado, o poder que se manifesta na emissão, nos meios, no conteúdo das mensagens e, por outro lado, nas condições de recepção moldadas pelos tipos de vida cotidiana próprios a cada classe da sociedade." [51]

É dentro desta perspectiva delineada através do trabalho de Hoggart, Michelle Matellart, Michel Thiollent e outros que esta pesquisa de recepção foi concebida, como será melhor detalhado a seguir.

II. Objetivos e hipóteses

II.1. Objetivos

A proposta desta pesquisa partiu da convicção de que a Universidade brasileira não pode mais manter-se à margem da sociedade sob o risco de deixar tão patente sua inutilidade que nada mais conseguirá salvá-la. A tradicional imagem da "torre de marfim" só não é aplicável a nossa instituição universitária, em especial nas áreas ligadas às ciências sociais e especificamente a comunicação, porque a escassez de recursos impede a analogia com um material tão dispendioso como o marfim. Mas o distanciamento sugerido pela torre é evidente. Qualquer busca realizada nos trabalhos de pesquisa universitária na área de comunicação indicará uma esmagadora maioria de estudos de gabinete, abstratos, teóricos e de pequena (quando não nula) contribuição para a comunidade.

Por outro lado, esta não é uma tese que assuma o princípio da neutralidade da pesquisa científica. Ela foi realizada com objetivos acadêmicos e políticos bastante claros que devem ser desde já explicitados. O cientista social não é um ser excluído da vida social, ele possui convicções ideológicas, toma posições políticas e, por mais que invoque a sagrada neutralidade universitária, jamais conseguirá colocar-se, e ao seu trabalho, fora desta realidade. Isso não quer dizer que um trabalho de pesquisa científica deva adulterar os fatos, mascarar a realidade ou transformar-se em panfleto. Mas a direção que um pesquisador dá à sua tese e o destino que confere aos dados obtidos em sua elaboração têm uma clara conotação política que não deve ser escamoteada sob o risco de, aí sim, ferir-se a ética do trabalho científico que existe e precisa existir para diferenciá-la do proselitismo.

A simples escolha da metodologia, como já se prenunciou no capítulo anterior e se indicará com maior precisão no seguinte, já é uma tomada de posição política. Este não é um estudo de recepção feito com o objetivo de proporcionar a empresas concessionárias de canais de televisão ou a anunciantes de programas indicações sobre como devem agir para conseguir ampliar seu número de espectadores. É uma pesquisa com o inequívoco objetivo de auxiliar de alguma forma as pessoas que integram as chamadas "classes trabalhadoras" a consumirem mais criticamente o conteúdo de programas noticiosos transmitidos pela televisão. E pretendeu atingir este objetivo não apenas de forma didática, no sentido convencional, como também — e principalmente — na prática, desde o instante da própria coleta de dados.

Boa parte dos trabalhos acadêmicos que lidam com a televisão no Brasil são interpretações de conteúdo. O estudioso observa a mensagem, sente-se, muitas vezes, politicamente engajado ao lado dos setores populares da audiência, descobre os truques ideológicos escondidos por trás do discurso explícito e os denuncia, num trabalho que, sem dúvida, não deixa de ter sua utilidade, tanto do ponto de vista científico quanto do ponto de vista político.

Só que isso apenas não é suficiente. A operação de revelação do caráter ideológico oculto sob a forma de mensagens presumidamente neutras, quando se esgota em si mesma, acaba por transformar-se em mito ela mesma. Interpretar o mundo apenas não é suficiente; é necessário tentar modificá-lo quando não se está satisfeito com o que se tem.

Por isso, esta tese parte do princípio que a mensagem que a indústria cultural transmite, embora tenha significação por si, aquela que seus autores, ao final de uma operação em que avultam contradições e conflitos, resolveram apor-lhe, só adquire significação definitiva quando é consumida e reelaborada pelo público, sendo que tal reelaboração é influenciada muito fortemente pela classe social a que pertencem as pessoas e às condições concretas de vida em que elas se encontram.

A sustentação para esta convicção vem de vários autores. Por exemplo, o norte-americano Todd Gitlin:

> "...deve-se ter sempre presente a idéia de que as formas de produção cultural em massa nem surgem nem operam independentemente do resto da vida social. A cultura comercial não *manufatura* ideologia; ela *recoloca* e *reproduz* e *processa* e *embala* e *foca* a ideologia que está constantemente emergindo tanto das elites sociais quanto dos movimentos sociais... Uma análise mais completa do processo ideológico numa sociedade capitalista deveria olhar tanto para cima quanto para baixo, para as elites e para as audiências. Acima, teria que fazer uma acurada observação da economia e da política do negócio de rádio e televisão... Abaixo, a hegemonia cultural opera dentro de todo um padrão de vida social; as pessoas que consomem os produtos culturais dos

meios de comunicação de massa são também pessoas que trabalham, moram em bairros, vão à escola, competem, vivem em família. E há uma série de velhos interesses em jogo para essas audiências: a inércia política da população americana hoje, por exemplo, certamente tem alguma coisa a ver com a indústria e consumo de bens materiais, não apenas com a força da cultura de massa... é preciso compreender melhor como as audiências consciente e inconscientemente processam, transformam e são transformadas pelos conteúdos da televisão." [52]

Para poder-se compreender o que de fato significa o *Jornal Nacional* para pessoas que pertencem às classes trabalhadoras, é preciso — mais do que analisar suas notícias pressupondo um entendimento por parte deles similar ao que um pesquisador universitário de classe média lhe dá — conhecer as condições histórico-sociais em que ele circula. Isso significa levar em conta a experiência sócio-cultural dos receptores. Como argumenta Héctor Schmucler:

"É preciso diferenciar distintas mensagens a um mesmo receptor que possui níveis diversos de experiências, pois a capacidade de convicção dos meios está estreitamente ligada aos vários planos ideológicos que convivem em um receptor único. No momento da decodificação, quando a significação surge, se põe em contradição ou não o sistema de codificação do emissor com as condições de decodificação do receptor. O 'poder' dos meios pode ser nulo e, inclusive, reverter-se na medida em que a mensagem é 'recodificada' e serve de confirmação do próprio código de leitura... Um mesmo receptor, que reconhece na mensagem política dados conflitantes com seus interesses aceita as pautas que o mesmo emissor (com ideologia idêntica) lhe transmite, mas vinculadas a zonas diferenciadas de sua existência: a moda, a moral, os estímulos sociais. Daí, deduz-se que é inútil começar o estudo pela mensagem (o que não descarta a sua análise), que é preciso mergulhar nas condições de recepção dessa mensagem para obter dados reais sobre sua significação..." [53]

Foi este mergulho que esta tese procurou realizar. Não um conhecimento superficial, através de um contato episódico e distante na forma de um questionário ou de relatos de duvidosa fidedignidade. Tampouco, uma análise de conteúdo sofisticada intelectualmente mas sem ligação com o mundo real. Mas um mergulho que permitisse ao seu autor um conhecimento aprofundado de situações específicas de circulação da mensagem do *Jornal Nacional* em comunidades de trabalhadores determinadas que não lhe autorizariam generalizações abusadas, mas lhe poderiam garantir discernimento útil para entender o fenômeno das relações entre televisão e trabalhadores em toda sua complexidade. Quem realizou um mergulho destes não se surpreendeu, por exemplo, com a aparente contradição de a Rede Globo de Televisão ter tido seus carros de externas apedrejados nas ruas do Rio de Janeiro após o incidente relativo às apurações das eleições para o Governo do Estado em 1982, mas não ter sentido nenhuma queda de audiência no mesmo Rio de Janeiro, exceto nos programas noticiosos do fim da noite e, ainda assim, apenas por alguns dias. Não há incompatibilidade entre as duas constatações, do mesmo modo como na cabeça de um líder metalúrgico podem conviver idéias políticas extremamente avançadas e preconceitos da moral burguesa absolutamente reacionários.

Tentar desvendar os sistemas de referências com base nos quais as mensagens dos noticiários de televisão adquirem significado para determinadas comunidades de trabalhadores e tentar perceber que variáveis podem influir para que eles enxerguem com maior senso crítico tais noticiários: estes são os objetivos deste trabalho, conjugados com a continuidade de uma ação através da qual tentar-se-á dar divulgação a outras comunidades de trabalhadores às conclusões finais a que se chegar.

II.2. *Hipóteses*

Todas as pessoas que entram em contato com a realidade social constroem representações desta realidade em suas cabeças. Cada um de nós forma juízos de valor a respeito do mundo, seus personagens, acontecimentos e fenômenos e acredita que esses juízos correspondem à "verdade". Ou seja: a verdade de cada um é a idéia do real que cada pessoa crê ser a mais fiel ao que efetivamente existe.

É com base nessas representações da realidade que homens e mulheres pautam seu procedimento cotidiano. Se alguém julga ser verdade que o centro da cidade durante a noite é infestado de ladrões violentos que podem assaltá-lo a qualquer momento, sua tendência é evitar tal área nesse horário. Se outro acredita que os médicos são geralmente profissionais competentes e bem-formados, entrega-se a seus cuidados sem receio ou renitência. Por outro lado, se um indivíduo acredita que a maioria dos advogados é desonesto, será extremamente cauteloso quando tiver que lidar com um deles.

Tanto em nível de senso comum quanto no de determinado círculo de cientistas sociais, é usual atribuir-se aos meios de comunicação, em especial à televisão, como já se viu, a capacidade de influir poderosamente sobre este processo de representação da realidade desenvolvido por sua audiência. Em outras palavras: há uma crença bastante disseminada que as pessoas que assistem TV amoldam sua maneira de enxergar o mundo à maneira pela qual a TV o apresenta.

Há os que interpretam a coisa de maneira literal: se as pessoas assistem a programas violentos na televisão tornam-se violentas. Centenas de pesquisas científicas já foram realizadas para comprovar essa hipótese, despendendo milhões de dólares sem conseguirem chegar a qualquer conclusão significativa. Outros preferem ver na questão seus aspectos mais políticos. Como se está tratando de representação da realidade, valores, crenças, está-se falando, é claro, de ideologia. E não são poucos os que acreditam convictamente que a televisão é capaz de moldar a ideologia dos espectadores sem que qualquer resistência lhe possa ser anteposta.

Como já foi dito antes na primeira parte deste trabalho, é claro que numa sociedade capitalista em que a burguesia é a classe social que (como um todo ou através de alianças entre algumas de suas frações) detém a hegemonia do poder econômico e do poder político, ela também detém o poder ideológico. A hegemonia é mantida através da aceitação generalizada na sociedade de um conjunto de valores e crenças que, apesar de, no geral, favorecer à manutenção do poder da burguesia, é entendido pela maioria das pessoas como sendo favorável à coletividade. Essa aceitação generalizada é, de acordo com o pensamento gramsciano, obtida através de uma conjunção de coerção com consentimento. Ou seja: a hegemonia de uma classe social sobre as demais ocorre não apenas em função do poder econômico que ela exerce de forma coercitiva e do poder de repressão que ela emprega em momentos que julga de necessidade, como também (e talvez principalmente) através do consentimento das demais aos seus padrões culturais e políticos, obtido na forma de um trabalho educativo.

É importante ressaltar, no entanto, que na hegemonia cultural não existe uma totalidade homogênea de valores e crenças de uma classe social. Há espaço para a representação de valores das classes que não são hegemônicas. E a proporção desses valores muda de acordo com a correlação de forças que há na luta de classes em cada sociedade e em cada momento histórico. Inclusive, o espaço para estas representações de valores diversos (por vezes até antagônicos) dos da classe hegemônica é uma das forças através das quais consegue-se criar a ilusão na maioria de que o conjunto dos valores não favorece a nenhuma das classes. Por exemplo: quando em situações históricas de uso da repressão e de censura a qualquer idéia que não seja favorável à classe no poder, é mais difícil convencer à maioria que o conjunto de valores disseminado atende aos interesses de todos. Ao contrário, quando há espaço para a manifestação de todas as idéias, é mais complicado convencer as pessoas que o sistema favorece a apenas uma classe social.

É assim com os meios de comunicação. Se na televisão aparecem tanto o Lula quanto o José Sarney, é mais fácil convencer as pessoas que ela é um instrumento "neutro" do que se o Lula estiver proibido de aparecer. É assim com o Estado: cada vez que a Polícia ou o

Exército são chamados a intervir numa greve em favor dos patrões fica mais difícil convencer as pessoas de que eles são instrumentos que não favorecem a nenhuma das classes. Muito mais difícil do que quando patrões e empregados têm de resolver suas pendências sem que qualquer organismo estatal intervenha.

Voltando à televisão. Está fora de dúvida que a direção do conteúdo da programação da televisão é dada pelas frações da burguesia que detêm o controle do poder econômico e, dependendo da circunstância histórica, do poder político da sociedade. Também é evidente que a maior parte das mensagens transmitidas pela TV são ideologizadas pela burguesia (não numa operação maquiavélica e conspiratória como alguns visualizam, mas como produto da própria dinâmica social). Essa ideologização ocorre na televisão, como também ocorre na Família, na Escola, na Igreja, em qualquer instituição social disseminadora de valores, sendo que a maior ou menor participação relativa de valores diversos ou antagônicos aos da classe hegemônica depende da correlação de forças existente no interior de cada uma dessas instituições e na sociedade como um todo.

A mediação ideológica, que se dá sempre que para determinados significantes o conjunto da população assume determinados significados através de um código mediador, é tanto mais bem-sucedida — da ótica da classe hegemônica — quanto menos pessoas se dêem conta do seu caráter ideológico. Ou seja, a mediação ideológica é bem realizada quando as pessoas não a percebem. Daí, a importância de seu desvelamento. A partir do momento em que as pessoas começam a se dar conta de que há um "truque", ele começa a perder a força e se houver um outro sistema de valores contraposto para desmascarar os truques e propor um novo referencial, começa-se a construção de uma nova hegemonia, passa-se a tentar imprimir outra direção cultural ao conjunto da sociedade.

A mediação ideológica se dá através de eixos semânticos que orientam a interpretação dos fatos, de modo a garantir uma versão unívoca dos fatos de acordo com código que as pessoas, no seu conjunto, aceitam como justos e corretos. Esta é a visão ideal da mediação ideológica. Muitos acham que ela existe de fato, em especial quando é feita através da televisão. Mas acontece que existe a formação da consciência crítica, que se dá quando o processo inverso ocorre. Ou seja: quando os indivíduos são capazes de perceber que os códigos tidos como justos encobrem a injustiça, que os significados apostos a significantes favorecem a uma só classe social, que os valores tidos como universais pertencem a uma pequena parcela da sociedade.

Mudar os "eixos semânticos" ou inverter os "princípios articulatórios específicos", como prefere Laclau, significa desmontar a mediação ideológica e permitir que os mesmos conceitos que, articulados pelo discurso burguês, possam opor-se a ele. É a seguinte a explicação de Laclau, que confirma a necessidade que existe para uma hegemonia ser eficiente de contar no seu interior com valores diversos dos hegemônicos:

> "A ideologia da classe dominante, justamente por ser dominante, interpela não só os membros desta classe, mas também os membros das classes dominadas. A forma concreta que assume a interpelação destas últimas consiste na absorção parcial e neutralização dos conteúdos ideológicos através dos quais se expressa a resistência à dominação... Uma classe é hegemônica não tanto na medida em que é capaz de impor uma concepção uniforme do mundo ao resto da sociedade, mas na medida em que consiga articular diferentes visões de mundo de forma tal que seu antagonismo seja neutralizado." [54]

Por outro lado, é evidente que essas visões de mundo antagônicas farão o possível para que esse antagonismo não seja neutralizado. Mas o que a História tem demonstrado é que nas sociedades de capitalismo central, em que as relações entre as classes estão bem consolidadas, o sucesso da mediação ideológica é bastante grande. Este é o segredo da democracia burguesa: é a possibilidade aparentemente irrestrita de que as diferenças sejam explicitadas publicamente através de instituições que a todos parecem neutras, mas que na verdade apenas conseguem ocultar bem o seu caráter de classe, de tal forma que tais antagonismos são absorvidos e neutralizados, embora os adversários dos setores hegemônicos mantenham a esperança de que seja possível acirrar as contradições (nas poucas vezes em que isso ocorre nos países de capitalismo central, acionam-se os aparelhos repressivos do Estado, como se pôde verificar nas rebeliões negras nos Estados Unidos em 1967/1968, que eram um movimento social potencialmente disruptivo do sistema).

Cada instituição social que opera a mediação ideológica tem seus próprios princípios articulatórios ou eixos semânticos: a Escola (a autoridade do professor baseada no saber, a competição entre estudantes etc.), a Igreja (o poder do sacerdote, os dogmas de que as misérias desta vida serão recompensadas com a salvação na vida eterna, o conformismo diante da vontade de Deus, etc.) e assim por diante. A indústria cultural também tem os seus e, dentro dela, a televisão especificamente.

Salta aos olhos a evidência de que a mediação ideológica mais bem-sucedida no Brasil contemporâneo é a que é realizada pela televisão, exatamente por ser a menos percebida pela população. O caráter mistificador da polícia amiga de todos, da justiça cega, dos partidos políticos que representam a coletividade, dos jornais que falam em nome da opinião pública tem sido identificado corretamente por grande número de pessoas exploradas, que sentem na pele as injustiças sociais e não se deixam iludir por essas instituições.

Já com a televisão, a coisa tem sido um pouco diferente. Como sua relação com o espectador em geral é bastante distante, como a chance de um contato direto entre eles é difícil, como a maior parte da programação televisiva é aceita sem resistências por ser de entretenimento e recebe acolhida simpática, quando não carinhosa, fica mais difícil ao indivíduo das classes trabalhadoras perceber o caráter ideologizador deste meio.

Devido a este êxito, que fica muito claro quando figuras exponenciais do poder político preferem utilizar a televisão às instituições sociais tradicionalmente mais adequadas para os pronunciamentos de Estado, muitas pessoas acabam cometendo o equívoco antes apontado de simplificar demais o fenômeno e encarar a indústria cultural como um bloco monolítico que veicula um conteúdo homogêneo de valores da burguesia capaz de influenciar decisivamente todos os espectadores, que passarão a adequar a sua visão do real à maneira como o real é apresentado por ela.

De fato, o processo da hegemonia cultural é muito mais complexo e sutil, embora nos momentos em que ele falha a repressão ostensiva mostre a face brutal da dominação com toda a sua crueza. Personagens estereotipados como o vivido por Peter Sellers no filme *Muito Além do Jardim* são apenas personagens de ficção. Ninguém, como ele, na sociedade permanece absolutamente imune a qualquer outra influência cultural além da exercida pela televisão. Só numa situação hipotética e irreal, utilizada pelo realizador Hal Ashby como efeito didático, seria possível que um homem adulto pudesse ter toda a sua representação da realidade determinada pelos valores veiculados pela televisão. Mais realista e preciso foi Ettore Scola no filme *Um Dia Muito Especial*, no qual mostrou como no cotidiano de uma família de trabalhadores os valores de garbo, disciplina, nacionalismo, machismo são lenta e convincentemente introjetados nos indivíduos, que passam a assumi-los como se fossem seus em plena Itália fascista, embora aquelas pessoas não fossem necessariamente fascistas e algumas fossem até inimigas do regime político.

Mas o maniqueísmo e a supersimplificação estão tão presentes na cabeça de tantas pessoas, inclusive algumas que se julgam possuidoras de espírito crítico ou científico, que muitas acabaram percebendo a caricatura de Ashby como realismo e o retrato preciso de Scola como distorção por não terem sido capazes de compreender que no processo da hegemonia cultural de uma sociedade capitalista a televisão está longe de ser o Ministério da Verdade de Orwell e, mesmo nos momentos de pior repressão, como no Fascismo, a coesão da população não se obtém apenas por intermédio do uso da força.

Aliás, as interpretações equivocadas que tantos espectadores deram a essas duas obras-primas do cinema demonstram mais uma vez que esta tese parte do princípio correto quando acredita que os indivíduos podem ver a mesma coisa mas perceber significados diferentes dependendo do contexto sócio-cultural de cada um, do seu conjunto de expectativas diante da mensagem e dos seus referenciais semânticos.

Jesus Maria Aguirre [55] oferece importante contribuição para este debate quando tenta oferecer um modelo de formação de consciência crítica diante dos modos de comunicação ideologizados.

Aguirre relaciona alguns dos princípios articulatórios que regem a mediação ideológica via televisão e cujo desvendamento seria condição essencial para a formação da consciência crítica. O primeiro deles, que é comum a várias instituições da sociedade capitalista, é o da neutralidade. A televisão se apresenta diante do público, a exemplo do Estado, da Imprensa, da Escola, da Justiça, do Exército, da Polícia, da Igreja, como imparcial, neutra, objetiva, representante dos interesses de toda a "opinião pública", jamais como órgão a serviço de uma só classe.

No caso da televisão, esta aparência de neutralidade é induzida através do alto prestígio social dos emissores, considerados como intérpretes de toda a coletividade (daí, a escolha parcimoniosa de locutores como Cid Moreira, com sua cara de tio respeitável e incorruptível), e da precisão tecnológica. "O código da objetividade instaura-se com os subcódigos do prestígio social e tecnológico", argumenta Aguirre.[56]

A contemporaneidade e o realismo da TV reforçam esta aparência de objetividade. A câmara de televisão, em princípio, registra *a verdade*. E a verdade que acontece *agora*. Muito da imensa credibilidade de que a TV desfruta origina-se nesta convicção de que aquilo que ela mostra nas telas é verdadeiro e atual. Quantos fãs de futebol que vão ao estádio assistir a uma partida não voltam correndo para suas casas com o objetivo de assistir o vídeo-teipe do jogo e conferir vendo na TV se aquilo que eles haviam visto com seus olhos ocorreu de fato ou não? Quantas pessoas não costumam assistir jogos de futebol ouvindo a transmissão do rádio para divertirem-se com as inverdades ou os atrasos do locutor em relação àquilo que elas podem ver pelo televisor?

A contemporaneidade e o realismo que, em parte, existem de fato nas transmissões ao vivo da TV (e só em parte, como demonstra muito bem Whiteside em sua brilhante descrição da cobertura ao vivo feita pela TV americana da Convenção do Partido Democrata em Chicago, em 1968) [57] estendem-se, na visão dos espectadores, para toda a programação televisiva. Assim, até a novela parece real e atual. O *Jornal Nacional* é a verdade agora para a maior parte dos telespectadores. O processo de edição, montagem, seleção de informações, cortes, redução de depoimentos, escolha de fontes etc. é ignorado por boa parcela dos telespectadores.

Um telespectador com consciência crítica é aquele que é capaz de desvendar o caráter de classe da Televisão, desmistificando sua contemporaneidade e realismo, colocando em seus devidos lugares a fé na tecnologia e a ascendência moral e social dos locutores. Isso não quer dizer que ter consciência crítica seja ignorar por completo tudo que a televisão mostra por considerá-la uma instituição da burguesia, como fazem os mais ingênuos. Seria a mesma coisa que não aceitar os direitos trabalhistas garantidos por lei porque a Justiça do Trabalho é uma instituição classista ou recusar-se a votar porque o Estado é burguês ou não fazer valer qualquer das vantagens que o sistema possa oferecer aos trabalhadores por ser ele dominado pela burguesia. Ao contrário, o telespectador com espírito crítico mais aguçado é aquele que percebe as contradições do conteúdo da televisão e as explora, usando-as em favor de seus interesses sempre que possível e denunciando o caráter ideológico da TV sempre que necessário.

Outro princípio articulatório do discurso ideologizado da televisão é o da apresentação fragmentada e rápida das mensagens, o *timing* já aqui referido. Embora também seja uma característica comum a todo tipo de programação televisiva, é no jornalismo que ela assume proporções mais significativas. Primeiro, porque a curta duração de cada unidade informativa não permite (em geral) que se compreenda o fenômeno noticiado em toda a sua complexidade. Depois, porque a apresentação mosaicada dos fatos não oferece ao telespectador a oportunidade de realizar interligações indispensáveis para a correta apreensão dos problemas sociais. Acresça-se a isso a visão a-histórica que a norma imperial do *agora* impõe, a inviabilidade do telespectador voltar atrás no que já foi dito e pode-se ter uma noção aproximada de quão imperfeita e distorcida pode ser a compreensão das notícias por parte de um espectador médio que se informe apenas pelos telejornais.

O telespectador com consciência crítica será aquele capaz não só de perceber que a intenção de se mostrar o mundo como se fosse um mosaico é impedir que as pessoas percebam a conexão que há entre os fatos noticiados mas também de fazer, através de outras fontes de informação, o relacionamento que a televisão tenta impedir. Mais uma vez, criticidade não quer dizer negar o noticiário da televisão. Na luta interna da indústria cultural, por vezes aparecem matérias que contam os fatos todos, sem preocupação com a brevidade das informações nem com a fragmentação da realidade. Só para citar exemplo recente, a já referida matéria do *Jornal Nacional* sobre as eleições argentinas, em que todas as conexões de fatos foram feitas, em que uma retrospectiva histórica era apresentada, sem que, em nenhum momento, se perdesse o *timing* televisivo (inclusive os intervalos comerciais) nem se jogasse fora o "padrão Globo de qualidade", numa demonstração de que é possível introduzir conteúdo crítico e substantivo mesmo dentro de uma estrutura que em geral privilegia o fútil e o superficial. O telespectador crítico não só deveria ter assistido e entendido a matéria, como deveria ser capaz de fazer ligações e traçar paralelos da situação argentina com a conjuntura brasileira e, se não fosse pedir demais a ele, poderia de alguma forma incentivar o trabalho dos repórteres e editores responsáveis pelo trabalho, de modo a reforçar sua posição política interna na Rede Globo ou, no mínimo, emprestar-lhe uma "força moral".

Há muitos outros princípios articulatórios ou eixos semânticos no discurso televisivo que deveriam ser percebidos e desvendados pelo telespectador crítico: o caráter empresarial da televisão (para um comprador de jornal é fácil perceber a intenção do negócio, pois ele desembolsa uma quantia para ter o produto em mãos, mas para o telespectador mediano, por incrível que possa parecer, não fica clara a relação comercial existente na televisão e, menos ainda suas repercussões no conteúdo da programação), as situações em que elementos das classes trabalhadoras aparecem na tela, quer no jornalismo, na ficção ou mesmo na publicidade (é difícil para muitos perceber que pessoas negras ou humildes, operários ou funcionários de condição mais servil só são representados de forma estereotipada na televisão, em geral — inclusive — com conotação pejorativa, em especial em programas humorísticos que, mesmo assim, os costumam divertir intensamente), a trivialização das mensagens, a voluntária mistura entre ficção, realidade e publicidade através da utilização de atores famosos como se fossem seus personagens e vice-versa (e, nesta operação ideologizante, entra o complemento de veículos impressos especializados em televisão que induzem o espectador mais alienado a uma enorme confusão quando noticiam com os nomes dos atores acontecimentos que ocorrem com seus personagens nas novelas, do tipo "Tarcísio Meira casa com Vera Fischer", por exemplo) e muitos outros. Aliás, a construção de um modelo descritivo de todos os princípios articulatórios ideologizantes da televisão seria uma tarefa indispensável à melhor compreensão do fenômeno da indústria cultural que a Universidade está devendo à sociedade.

Convém mais uma vez ressaltar que a compreensão desses mecanismos de que a televisão se vale para iludir o telespectador não deve levar à conclusão de que os críticos apocalípticos desse veículo têm razão quando denunciam a completa prostituição da TV. Ela apenas demonstra que, de fato, como é natural se esperar numa formação social capitalista, a Televisão é uma instituição cujo controle pertence a representantes da burguesia que se valem dela, como de tantas outras instituições, para disseminar sua ideologia e, com isso, consolidar a direção cultural que imprimem à sociedade. Mas, apesar disso, há contradições no conteúdo da programação televisiva que podem ser explorados por aqueles que se opõem à hegemonia burguesa e, em determinadas situações, até auxiliar na formação de uma nova hegemonia.

Este trabalho pretende verificar quais são as variáveis mais importantes para a formação da consciência crítica dos telespectadores. Ele levanta cinco hipóteses.

A primeira é que o grau de interferência de outras fontes — além da televisão — na formação da representação da realidade de uma pessoa é uma variável importante. Quem pode confrontar os valores e estereótipos da TV com os de outras instituições sociais ou pessoas tem mais oportunidade de duvidar, criticar e rejeitar os que vê no televisor.

A segunda é que o grau de conhecimento que a pessoa tem a respeito de cada assunto retratado na tela é outra variável de grande importância. Se ele é grande — especialmente se oriundo de experiência pessoal própria, não vicária — a representação televisiva é colocada sob meticuloso escrutínio. Quando o grau de conhecimento sobre o tema é pequeno, ela tende a ser aceita sem maior resistência.

Terceiro, o grau de conhecimento do meio de comunicação e de acesso a ele também conta. As pessoas que conhecem o que é televisão, que visitaram uma emissora, que receberam explicações sobre como se dá o processo de produção e edição dos programas ou aquelas que tiveram ou costumam ter acesso a ela tendem a oferecer um questionamento crítico mais aguçado do que as demais.

É evidente que essas três variáveis raramente podem ser isoladas. Em geral, elas aparecem associadas a fatores demográficos como grau de instrução, nível de renda, grau de urbanização etc. Como nosso estudo não vai se referir à sociedade como um todo nem vai trabalhar com amostragens que pretendem representar o conjunto social, mas sim lidará com uma parcela específica da sociedade, as classes trabalhadoras, em duas comunidades particulares, observando-se, portanto, maior homogeneidade demográfica, a quarta hipótese será aqui colocada: o fator que mais se relaciona com as três variáveis anteriormente listadas é o nível da instituição de organização social a que o indivíduo está filiado. Assim como na sociedade como um todo as três variáveis citadas provavelmente aparecem positivamente associadas com maior grau de instrução, nível de renda e urbanização, no caso do universo com que lida esta pesquisa, elas deverão aparecer associadas com maior freqüência às formas superiores de organização de trabalhadores. Assim, os indivíduos que não se encontrem associados a nenhum tipo de instituição demonstrarão menos espírito crítico do que aqueles associados a associações de bairro, os quais por sua vez demonstrarão menos espírito crítico do que os militantes do movimento sindical e estes menos do que os militantes de partidos políticos.

Uma hipótese final é a de que, no caso específico do *Jornal Nacional*, seus efeitos sobre a representação do real que os trabalhadores fazem não é, provavelmente, tão decisiva como se costuma dizer, em especial no caso dos que militam em algum tipo de movimento social ou político.

Não há dúvida, por todas as razões inclusive aqui já levantadas, que ele é o mais importante meio de informação da maioria do povo brasileiro. Mas, no caso das pessoas que não percebem seu caráter ideológico, ele apenas reforça pontos de vista e posições políticas que tais indivíduos já sustentavam, oriundas de outras instituições sociais. E, no caso de pessoas que começam a ter ou possuem espírito crítico em relação à sociedade como um todo e à televisão especificamente, o poder de persuasão do *Jornal Nacional* não é tão grande como parece.

Essas hipóteses referem-se essencialmente ao público adulto e a pessoas pertencentes às classes trabalhadoras que, em geral, no Brasil de 1983, não contaram com aparelho televisor durante sua infância. Ou seja: são pessoas que tiveram seu processo de socialização de uma forma que outras instituições sociais (Família, Igreja, Sindicato em especial) desempenharam papel muito mais relevante que a televisão. E, como se sabe, depois que o núcleo central de convicções de uma pessoa está formado e consolidado e esta pessoa se torna adulta, as mudanças dramáticas são pouco prováveis de ocorrer. Assim, quando a TV passa a operar com maior força sobre o conjunto de valores e representações do trabalhador adulto, ele provavelmente já terá suas convicções formadas. Se elas coincidirem com o corpo ideológico que a TV lhe irá transmitir, ocorrerá a chamada "cristalização": as convicções tornar-se-ão ainda mais fortes e o papel da TV não será decisivo. Se houver um confronto, ou o espírito crítico em relação ao veículo televisivo ficará mais aguçado ou ocorrerá um reajustamento interno do gênero dos sugeridos por Schmucler e anteriormente citados: o indivíduo rejeita um tipo de mensagem no terreno explícito da política ou da ideologia (alguma notícia em que um significado pejorativo é anexado a algum significante para o qual a pessoa costuma empregar um sentido positivo, a atividade grevista, por exemplo) mas não descarta o veículo em si, continuando a aceitar bem os programas de humor ou a telenovela mesmo que um ou outro contenham valores ideológicos burgueses bastante claramente veiculados.

Outras vezes, também, não no caso do *Jornal Nacional* mas em algumas situações até mesmo nele, os espectadores percebem o caráter fantástico e inverossímil do que é apresentado na TV, embora divirtam-se, emocionem-se, identifiquem-se com a situação e os personagens. Tratar a fantasia como fantasia é saudável. Torna-se problemático quando o que está na tela é a realidade e o telespectador pouco crítico (ou pretensamente crítico demais) não consegue perceber a diferença.

Já no caso de crianças, embora neste estudo elas não estejam incluídas, a questão muda um pouco de figura. As crianças que se socializam através da televisão ou que têm nela um agente socializador importante (e este é o caso de grande parte dos brasileiros nascidos após 1970), inclusive os filhos de trabalhadores, em especial os mais qualificados) possuem, pelo simples fato de serem crianças, chances muito menores de confrontar a representação do real feita pela TV com outras fontes, têm um grau de conhecimento a respeito de praticamente todos os assuntos mostrados na tela bastante reduzido e mínimas chances de conhecer o processo de operação da televisão ou de ter acesso a ela. Deste modo, o poder de influência da TV sobre elas é muito maior do que é sobre seus pais. Isto é especialmente verdadeiro para os filhos de trabalhadores que, normalmente, passam menos tempo em escolas do que os filhos de classe média e têm menor oportunidade de fazer crescer seus conhecimentos da realidade por intermédio de outro agente (cinema, literatura, clube, viagens, etc.) que não a TV.

É necessária, portanto, uma atenção especial para o problema das crianças. Mas, em síntese, em relação aos adultos trabalhadores, a hipótese central deste trabalho é a de que a média das pessoas que consomem televisão e o *Jornal Nacional* especificamente *pode* reagir (o que não significa que necessariamente reaja) de forma razoavelmente crítica, dependendo do assunto enfocado e de suas condições específicas de momento (o cansaço das pessoas, o grau de atenção, atividades paralelas à audição do televisor, estado de saúde, etc.) Isso não impede que haja pessoas com problemas psíquicos ou um nível de alienação extremamente alto que aceitem a representação da realidade feita pelo *Jornal Nacional* como inteiramente verdadeira e até moldem e modifiquem seu comportamento em função dela.

Mas tais casos serão exceções que não invalidarão a hipótese de que, em geral, os trabalhadores adultos *podem* dispor de elementos para contrapor a representação da realidade feita pelo *Jornal Nacional* a outras e, assim, chegar às suas próprias conclusões a respeito do mundo que os cerca, apesar do *Jornal Nacional* ser sua mais importante (quando não única) fonte de informações sobre o que se passa no mundo, em especial nas regiões fora de seu município, e exerça considerável influência sobre a maneira pela qual eles se posicionam, particularmente em relação a problemas e questões novos para si e em relação a assuntos que não envolvam o seu núcleo central de crenças e convicções

III. Metodologia

III.1. Justificativa

"Quer o cientista goste ou não, sempre sua ciência se vincula a uma política E, queira-o ou não, toda política condiciona uma ciência." [58]

Héctor Schmucler, com franqueza que alguns poderão considerar quase rude, pretende com este argumento derrubar o mito de que o pesquisador deve valer-se de determinados métodos calcados nas ciências físicas e exatas para que seu trabalho possa merecer o título de científico. Quem não se vale de métodos "neutros", ao invés de fazer ciência estaria fazendo política O que Schmucler pretende demonstrar é que todo cientista, use o método que usar, sempre estará fazendo política E que os métodos que se pretendem neutros só fazem é mascarar com um discurso ideológico, sua condição de agentes dos interesses da classe que detém a hegemonia da sociedade.

Com base na neutralidade científica, diversos pesquisadores da Genética ou da Astronomia prestaram serviços valiosos aos interesses do Nacional-Socialismo na Alemanha das décadas de 30 e 40.

A neutralidade da Ciência é a mesma de instituições como o Estado, o Exército, a Justiça, a Televisão. Faz parte da operação ideológica através da qual a burguesia, como classe hegemônica, tenta convencer todas as pessoas que compõem uma sociedade de que os seus interesses são os interesses coletivos. O discurso científico é tão ideologizado quanto o televisivo e é necessário ter consciência crítica em relação a ambos.

Não se pode negar que há um posicionamento político diferenciado entre o pesquisador da área de ciências da saúde que, a exemplo do dr. Albert Schweitzer, interna-se em florestas tropicais para pesquisar a dinâmica de doenças epidêmicas nessas áreas do mundo, e outro que, a exemplo de inúmeros médicos brasileiros contemporâneos, adentrou os porões da repressão para pesquisar a capacidade de resistência do organismo humano à tortura.

Em nome da pretensa neutralidade da atividade científica, inúmeros geneticistas prestaram-se a horrendas mutilações de seres humanos dentro dos campos de concentração nazista; utilizando os mesmos argumentos para eximir-se de responsabilidade, vários físicos apressaram a construção de foguetes V-2 que matariam milhares de pessoas na Grã-Bretanha ao final da II Guerra Mundial. Não há juízo de valor quanto ao mérito científico das pesquisas desses investigadores quando se faz essas constatações. Provavelmente, eles ativeram-se às melhores normas do procedimento acadêmico e talvez até tenham chegado a conclusões que, depois, utilizadas por outros cientistas, com outros posicionamentos políticos, podem até ter ajudado a melhorar a vida de muitas pessoas.

No campo das ciências sociais, tais reflexões também são aplicáveis. Não é segredo que a Antropologia foi uma ciência desenvolvida em seus primórdios graças às verbas generosas do governo do Império Britânico, interessado em acumular conhecimentos sobre a cultura dos povos "primitivos", de modo a lhe permitir maiores facilidades em seus objetivos de colonização na África. Igualmente, o folclore passou a reivindicar o até hoje controvertido estatuto de ciência autônoma, depois que, em meados do século XIX, as autoridades de França, em particular as policiais, resolveram conhecer melhor os hábitos de cultura das classes populares para melhor poder reprimi-las.

A Comunicação não é exceção. É sabido que as dotações de recursos para o estudo de seus fenômenos no início da década de 40 nos Estados Unidos, que financiaram as atividades da primeira equipe de cientistas sociais que se especializaram na área, deveram-se ao interesse do governo daquele país em estar informado sobre as técnicas de propaganda mais eficazes que poderiam ser utilizadas pelos países do Eixo em sua ação ideológica sobre as populações e soldados das nações aliadas. E, depois da II Guerra Mundial, grande parte do dinheiro voltado para as pesquisas em Comunicação tinha como objetivo encomendar estudos que otimizassem o desempenho das empresas de rádio e televisão em sua luta pela maior audiência possível.[c]

Mais tarde, na década de 50, foram os interesses das empresas fabricantes de insumos e produtos agrícolas que ajudaram a criar todo um volumoso corpo de pesquisa a respeito das chamadas difusões de inovações, que tinham como objetivo principal ensinar aos agentes de tais companhias as melhores fórmulas para introduzir seus produtos no mercado dos países do Terceiro Mundo. Nos anos 60, seria a vez dos teóricos da "modernização" inundarem as prateleiras dos gabinetes de governos de países da América Latina e Ásia com estudos que pretendiam demonstrar que a introdução de novas tecnologias da comunicação era fator automático de desenvolvimento dessas nações e, com isso, garantir mercado para os produtos das grandes empresa da área de telecomunicações.

Esses exemplos devem ser suficientes para provar que a neutralidade da pesquisa científica só existe no nível de discurso. O que é mais curioso é que esses trabalhos são todos considerados por certos setores acadêmicos como típicos da "pesquisa objetiva".

Na verdade, não só pelos fins a que se prestaram tais investigações, mas pelos métodos mesmo utilizados, tais trabalhos denunciavam seu caráter ideológico apesar do discurso explícito negá-lo. Vejamos, por exemplo, as pesquisas de opinião, do tipo resposta a questionário fechado, ou enquete sociológica, instrumento utilizado com grande constância nos estudos de comunicação que seguem a escola norte-americana.

Michel Thiollent [60] já demonstrou suficientemente como é falsa a sua aparente neutralidade, em virtude da imposição da problemática e das opções de soluções através de questionários levados pelo pesquisador aos pesquisados sem que esses tenham o direito de opinar a respeito; dos desníveis de comunicação entre investigadores e entrevistados; da limitação conformista do questionário.

E o pior é que a hegemonia dos defensores desse tipo de mensuração que depois pode ser tabulada e transformada em estatística é tão grande que, muitas vezes, pretende-se que se descarte o estudo de um problema que precisa ser investigado pelo fato de sua complexidade não permitir a aplicação dos questionários. Assim, os objetos de estudo deixam de ser definidos por sua relevância e passam a ser escolhidos em função da aplicabilidade ou não de determinados instrumentos.

O discurso dos métodos neutros apresenta determinadas características que o aproxima curiosamente do discurso dos noticiários televisivos. Eles também defendem a fragmentação da realidade quando adotam o exame estanque de fenômenos e a atomização das unidades de resposta, por exemplo. Oculta-se o caráter de classe da sociedade e ignora-se o relacionamento interpessoal e grupal dos indivíduos, como se eles fossem fragmentos isolados que assistissem TV sem comentar a programação com outras pessoas, como se eles tomassem suas decisões políticas sem consultar e discutir com companheiros, como se fossem — enfim — microcosmos independentes e autônomos. Salta aos olhos a evidência que tal tipo de concepção do mundo interessa a uma determinada parcela da sociedade e que a adoção dos métodos de pesquisa que induzem a ela satisfaz à classe no poder. Mascará-los como neutros só completa o círculo do "truque" ideológico de se tentar vender o que é particular como se fosse universal.

Como já foi anteriormente afirmado, este trabalho não compartilha dos princípios da neutralidade científica. Por razões de postura política, já que seu autor não esconde a sua e revela-se partidário dos interesses daqueles que, na atual estrutura de classes da sociedade brasileira, encontram-se entre os que não desfrutam de poder e são explorados pelos que exercem o poder, mas também por razões de ordem epistemológica, já que em seu trabalho anterior que lhe conferiu o título de Mestre em Comunicação, trabalhou com os métodos da tradicional escola norte-americana e não se satisfez com os resultados alcançados. Ao contrário: o conhecimento adquirido naquele trabalho [61] através do uso dos questionários foi extremamente insatisfatório e se algum valor ao final ele tem, deve-se quase exclusivamente à pesquisa de dados secundários realizada pelo autor.

A experiência daquele trabalho, realizado numa Universidade norte-americana, convenceu-me de que para se chegar a alguma conclusão sólida e conseqüente com relação ao processo de comunicação, é preciso mais do que fazer nas amostragens selecionadas perguntas com opções de respostas limitadas, as quais serão tratadas pelos entrevistados de forma desobrigada, desconfiada, apressada e irrefletida. É preciso que o investigador se afunde na vida das pessoas cujas reações pretende conhecer, ganhe sua confiança até o ponto em que possa estar seguro de que não há mais cautela entre eles, participe com elas de atividades concretas relativas ao objeto do estudo, discuta, ensine e aprenda.

Assim, optou-se para a realização deste estudo pela adoção daquilo que Michel Thiollent classifica como pesquisa-ação:

> "...o pressuposto de não neutralidade está explícito e é considerado como critério de descrição e análise..., oferece-se às pessoas interrogadas a possibilidade ou mesmo a necessidade de raciocinar para que seja captada uma informação relevante e não uma vaga reação moral baseada na desinformação." [62]

Este trabalho tentou adaptar a metodologia definida por Thiollent em seu livro *Crítica Metodológica, Investigação Social e Enquete Operária* [63] a uma situação específica de Comunicação Social. Assim, enquanto a pesquisa-ação baseada na "enquete operária" de Marx é relacionada fundamentalmente com os problemas de consciência de classe, este estudo vai relacionar-se com os problemas de consciência crítica ou espírito crítico diante dos meios de comunicação, especificamente a televisão.

Seguindo a linha de raciocínio de Thiollent, esta pesquisa não foi buscar grupos para investigar que fossem quantitativamente representativos. Os trabalhadores das comunidades pesquisadas podiam não ser típicos da maioria dos trabalhadores brasileiros. Entretanto, eram expressivos de uma situação corrente no País. Ao final da tese, não será possível generalizar suas conclusões para o conjunto das classes trabalhadoras brasileiras. Mas poderá se ter um diagnóstico revelador de como uma significativa parcela desses segmentos se comporta diante do conteúdo jornalístico mais influente da televisão neste País. Mais ainda: será possível demonstrar que outras generalizações que são feitas sem maiores critérios e sem embasamento na observação empírica também não poderiam ser realizadas. Se este trabalho conseguir demonstrar que muitas das generalizações que são afirmadas em relação ao comportamento dos trabalhadores brasileiros diante do vídeo não são aplicáveis pelo menos às comunidades e sujeitos que investigou e, portanto, são desprovidas de valor globalizante, já terá prestado um enorme préstimo à recolocação dos termos em que se discute o problema da indústria cultural no Brasil, trazendo à Terra vôos teóricos estratosféricos e dando concretitude a desvarios idealistas que se presumem verdadeiros por falta de evidências empíricas que os contestem.

Marilena Chauí, ao apresentar um trabalho de Ecléa Bosi sobre a lembrança dos idosos, procurou denunciar a ânsia de generalizar que toma conta, com freqüência, dos objetivos de investigações na área das ciências sociais:

> "...agora estamos envergonhados diante das pretensões da ciência cujos resultados tendem, afinal, à simplificação e à generalização, empobrecendo a complexidade real da existência de seres concretos." [64]

Este trabalho prefere assumir a impossibilidade da generalização de seus resultados do que o risco de supersimplificar problema tão complexo quanto o da formação de espírito crítico em relação aos noticiosos de TV no Brasil. Por outro lado, ele insere-se num projeto de ampliação da leitura crítica dos meios de comunicação em nosso País, que possui várias ramificações desarticuladas ainda entre si, que vão desde programas comandados pela Igreja Católica até edição de revistas especializadas para venda em bancas,[D] que só poderia beneficiar-se de suas conclusões se fosse adotada, para sua realização, uma metodologia que permitisse ao pesquisador descobrir dados realmente confiáveis e substanciosos. No balanço das opções existentes, apenas a pesquisa-ação revelou-se adequada.

Por intermédio da pesquisa-ação, os entrevistados desempenham um papel ativo, ao invés da passividade do respondente tradicional. Os investigados participam da solução dos problemas sob exame, avançam em sua consciência crítica diante do conteúdo dos meios de comunicação e fazem o investigador avançar na mesma direção.

"Trata-se de uma investigação ativa, que seja capaz, nos seus próprios procedimentos, de fazer conhecer as condições de trabalho e de vida das massas e de transformar as representações ideológico-culturais, ou pelo menos de dar indicações para tal transformação." [65]

Não se trata, portanto, de uma metodologia que permita ao observador uma observação "naturalista" da realidade. Como o processo é de interferência, o "universo" pesquisado não se comportará, ao final do trabalho, da mesma forma que se comportava ao seu início. Pelo menos, é isso que se espera. Como o objetivo da pesquisa é descobrir de que maneira pode-se constatar a existência e incentivar a formação e desenvolvimento do espírito crítico diante do conteúdo televisivo, então as alterações ocorridas no decorrer da própria investigação são úteis para suas conclusões. Mais uma vez, o método adapta-se com perfeição aos objetivos do estudo.

Além do mais, num trabalho como este, o pesquisador não tem motivos para se preocupar, ao contrário de seus colegas que se valem dos instrumentos pretensamente neutros, com a confiabilidade dos dados recolhidos. Eles não são produto de respostas apressadas de entrevistados indiferentes; não são apontamentos de um observador externo que não tem envolvimento afetivo nem profissional com o "universo" e, portanto, pode ser enganado por ele sem dar-se conta (veja-se, por exemplo, a revelação do que ocorreu com Margareth Mead nas Ilhas Samoa). Aliás, os que advogam a observação "naturalista" do pesquisador que, agindo desse modo, não influenciaria a dinâmica dos fenômenos sob exame, fazem propositais vistas grossas à evidência de que, de qualquer maneira a simples presença do pesquisador já altera o comportamento que se vai estudar. Mais uma vez, o exemplo de Margareth Mead é relevante.[E]

No caso da pesquisa-ação, o estudioso não é um ser desconhecido e exterior à comunidade que vai analisar. Ele trabalha com ela, convive com ela. Diferencia-se, é óbvio, pois aporta com uma problemática política que vai ser o fio condutor de pelo menos parte de seus contatos com ela. Ele vai atuar junto à comunidade em um papel de destaque, mas não será um proselitista. Pelo menos, não deveria ser, já que a pesquisa-ação *não é* um meio de conscientização ou de difusão de idéias ou de propaganda, como faz questão de ressalvar Thiollent. A função do investigador é, além de observar os comportamentos das pessoas, questioná-las de modo a que os problemas por ele levantados e as informações por ele prestadas produzam efeitos de desbloqueio ou de deslocamentos de perspectivas, os quais — neste caso — poderão conduzir à formação ou aguçamento do espírito crítico em relação à televisão.

É evidente que este método não é uma panacéia e que restam problemas sérios a serem enfrentados O primeiro deles é o da relação entre intelectual e operários. Por mais que aquele diga se identificar (ou se identifique mesmo) com estes, trata-se de uma relação naturalmente tensa e difícil. São pessoas de classes sociais diferentes, contextos culturais diversos, condições de vida díspares e há entre eles, além de todos esses elementos de incongruência, a barreira da autoridade do saber sacralizado pelas instituições da educação formal. Como será melhor descrito adiante, no caso desta pesquisa, essa barreira pôde ser sentida ao longo de todo o trabalho, apesar da vigilância do pesquisador para que ela não interferisse no andamento da investigação.

Uma segunda dificuldade está nas idiossincrasias individuais do pesquisador, que também sempre interferem em qualquer trabalho de observação da realidade. Os preconceitos, pré-juízos, valores de classe e pessoais, características de personalidade que podem freqüentemente induzir a uma conclusão menos adequada. Para tentar exercer algum tipo de controle em relação a esse aspecto, nesta pesquisa o investigador fez-se acompanhar nas sessões com as comunidades de outro pesquisador, para depois poder confrontar as observações de cada um e, assim, ter pelo menos algum tipo de balanço.[F]

Apesar de assumir uma postura clara em relação à não neutralidade da ciência, o praticante da pesquisa-ação deve tomar cuidado, como já foi mencionado há pouco, para não cair no proselitismo e, acima de tudo, para não transformar um trabalho científico em um trabalho meramente político.

Não custa repetir: o posicionamento político de uma pesquisa científica se dá na definição de seus objetivos. Neste momento, admitindo-o ou não, o pesquisador demonstra suas convicções políticas e ideológicas. Num outro momento ele volta a desnudar sua postura política: naquele em que decide a destinação que irá dar ao resultado de seu trabalho. Entretanto, na elaboração do trabalho e no relato dos dados encontrados e das conclusões a que chegou, o pesquisador deve ater-se aos procedimentos indicados pela metodologia que escolheu e não pode deturpar os fatos que observou nem alterar intencionalmente as conclusões para servir a qualquer interesse político. Deve, inclusive, cercar-se das precauções possíveis no sentido de vigiar seus preconceitos naturais, que sempre aparecem na elaboração de qualquer trabalho acadêmico, armando-se dos necessários instrumentos que contrabalancem sua visão pessoal e idiossincrática dos fenômenos sob estudo. Mesmo que os dados encontrados conduzam a conclusões que não sirvam a seus interesses políticos, o pesquisador deve coletá-los, relatá-los na forma mais fiel possível e extrair deles as deduções lógicas cabíveis.

A ação da metodologia da pesquisa-ação é feita com o fito de tornar a pesquisa mais honesta do que se ela escondesse posições políticas atrás de pretensas neutralidades. Não é, portanto, uma escusa para justificar fantasias ideológicas ou panfletismos proselitistas

Não é, muito menos, escudo para pseudo-acontecimentos Não deve ser motivo para congregar pessoas em torno de organizações inexistentes. A pesquisa-ação deve acompanhar a concepção e desenvolvimento de uma ação social efetivada por uma entidade que já tenha vida própria e algum trabalho realizado na área que é o objeto do estudo. É o caso desta pesquisa. Nas duas comunidades em que o pesquisador atuou, como será detalhado adiante, ele foi chamado por organismos que estavam atuando na área de comunicação e a série de sessões para discussão da questão da consciência crítica diante da televisão, embora a idéia tenha sido introduzida pelo pesquisador, não foi uma imposição absurda e pode ser, inclusive, considerada decorrência natural do trabalho que as organizações já vinham desenvolvendo. Eram problemas que já emergiam das discussões que os grupos realizavam e para cuja tentativa de solução passou a atuar, além das pessoas da própria comunidade já envolvidas, o pesquisador, que já trabalhava com elas há algum tempo em outros projetos.

Os partidários da metodologia convencional costumam acusar os praticantes da pesquisa-ação de serem pouco científicos em seu procedimento. Por vezes, podem ter tido razão quando alguns dos pesquisadores que optaram pela pesquisa-ação, como admite o próprio Thiollent, perdem-se em ideologismos.[6] Espero não ter incorrido no mesmo vício.

III.2. *Delimitação do* corpus *e do universo*

Esta pesquisa foi concebida durante o ano de 1979, no Rio Grande do Norte, onde eu vivia como professor-visitante no Departamento de Comunicação da Universidade Federal. Originalmente, estava planejada para ser inteiramente realizada junto a um bairro operário da cidade do Natal. Por motivos de força maior e acima da vontade do autor, teve de ser desdobrada em duas etapas, sendo que a primeira foi em Natal e a segunda na cidade do Guarujá, em São Paulo: tive de deixar o Rio Grande do Norte antes de encerrado o trabalho e fui obrigado a prossegui-lo na região para onde me mudei.

Assim, no total, o trabalho foi desenvolvido de março de 1979, quando começou a ser concebido, a dezembro de 1983, quando foi redigida sua versão final. O ano de 1979 foi consumido numa revisão bibliográfica de temas referentes à relação entre a indústria cultural e a cultura popular, à redação de alguns ensaios com reflexões iniciais a respeito do tema, primeiras conversas e estudos sobre a metodologia e uma observação ainda assistemática, porém não descomprometida da programação de horário nobre da Rede Globo de Televisão.

De princípio, o objetivo era fazer uma análise de todo o chamado "bloco das oito" da programação da Globo, constituído pelo *Jornal Nacional*, a "novela das oito" e todas as inserções comerciais em seus intervalos Esta pretensão devia-se à convicção de que a televisão não pode ser devidamente compreendida na totalidade de sua significação ideológica, a não ser quando se leva em consideração tudo que ela veicula para o telespectador. Os referenciais de significação completam-se através das alusões a papéis sociais e estereótipos que são feitas em qualquer um dos três gêneros principais que compõem sua programação: informação, entretenimento e publicidade.

De fato, toda a pesquisa de campo foi efetuada levando-se em consideração o conjunto do bloco das oito da Globo que, por sinal, ao longo dos anos, encompridou em virtude do esticamento do *Jornal Nacional*, que passou dos quinze minutos de 1969 para os trinta e cinco atuais, em crescimentos paulatinos, que se devem, de acordo com as explicações de seus responsáveis, ao crescimento do interesse do público pelas informações a respeito do País, à medida que o processo de abertura política avançava.

Apesar de toda a pesquisa de campo ter sido levada a efeito tomando-se como base o jornal, a novela e os anúncios, ao final da coleta dos dados, ficou patente a dificuldade para lidar com aquele volume de informações. O material referente à telenovela era extremamente complexo. A variedade de interpretações das pessoas diante do enredo, o seu envolvimento emocional com os personagens, a dificuldade que o autor sentia, por força das deficiências de sua formação na área da teoria literária ou similar, fizeram com que fosse abandonada a idéia da interpretação extensiva do problema da consciência crítica diante das telenovelas. Fatores similares levaram à mesma decisão no que se referia à publicidade.

Resolveu-se que a tese deveria limitar-se ao campo da formação específica do autor, o Jornalismo. Os motivos foram os seguintes: economia de tempo e espaço, maior facilidade para a interpretação dos depoimentos dos membros da comunidade quando referentes a fatos reais (comparando-se com os fictícios), possibilidade mais ampla de se atingir conclusões mais substanciosas.

Desta maneira, embora em diversos momentos, como será visto adiante, venham a ser feitas referências às telenovelas e aos anúncios, este trabalho concentra seu foco sobre o programa *Jornal Nacional*.

O estudo sistemático do *Jornal Nacional* é realizado em dois períodos de seis meses aproximadamente, estabelecidos em função do início e final de duas telenovelas. Princípio e fim de telenovelas são como ciclos dentro da vida da Globo e de seus telespectadores mais fiéis. Por isso, os períodos de análise e discussão mais sistematizados foram demarcados em função desses limites. Além do que, como pelo plano original o projeto previa a observação sistemática das reações dos espectadores às telenovelas, seria recomendável acompanhá-las em todo o desenrolar do enredo.

O primeiro desses períodos foi de agosto de 1980 a fevereiro de 1981 e o universo sob observação foi o do bairro operário de Lagoa Seca, em Natal. O segundo, de setembro de 1981 a março de 1982, sendo o universo sob observação o do bairro operário do Paicará, no município de Guarujá, Litoral de São Paulo.

Os motivos para a escolha dos universos e as maneiras utilizadas para o pesquisador introduzir-se junto às comunidades serão detalhados na seção seguinte, bem como os procedimentos através dos quais foram coletados os dados primários.

Lagoa Seca é um bairro da cidade de Natal, situado relativamente próximo ao centro do município (cerca de três a quatro quilômetros). Originalmente um bairro quase exclusivamente operário, tem recebido algumas construções novas de família de classe média, que acabaram "cercando" as residências de famílias operárias com menor renda que constituem o "coração" do bairro, a chamada "favela": são aproximadamente 300 casas, que abrigam em torno de 1.000 pessoas, a maioria das quais operários e operárias de indústrias têxteis e alimentares, empregadas domésticas e funcionários e funcionárias públicas de baixo rendimento. No bairro, em maio de 1980, quando teve início o trabalho de campo na área, não havia Centro Social nem qualquer tipo de organização, exceto a associação de moradores que um pequeno grupo tentava fundar e através do qual centralizou-se esta pesquisa.

O grupo com o qual foram realizadas as entrevistas era constituído de aproximadamente vinte pessoas constantes e uma variação de outras dez que compareciam com menos assiduidade às sessões. Em algumas ocasiões, os encontros chegaram a contar com quarenta ou mais pessoas, no entanto o número médio era em torno de vinte.

No início do trabalho neste bairro, foi aplicado um questionário com perguntas abertas em cerca de 250 pessoas.

O Paicará é um bairro situado na periferia do município do Guarujá, em São Paulo, no subdistrito de Vicente de Carvalho, que é uma das maiores concentrações operárias do Litoral Paulista. Sua área é de 2.234.000 m², a população de cerca de 70.000 pessoas, a maioria absoluta das quais de origem nordestina. A aparência do Paicará é muito próxima à de um bairro de uma cidade grande do Nordeste: paisagem humana parecida, hábitos culturais similares, problemas urbanos quase idênticos. A maior parte dos habitantes do Paicará são operários do porto de Santos (estivadores, doqueiros, carregadores, ensacadores), da indústria da pesca no Guarujá, funcionários da indústria do turismo no Guarujá e empregadas domésticas que trabalham em residências de classe média de Santos, separada do Guarujá por um canal de mar.

No Paicará, há diversas associações de moradores. Em junho de 1981, quando o trabalho de campo teve início no bairro, eram cinco e havia intensa movimentação político-partidária em torno delas. O grupo de pessoas que serviram como entrevistados para esta fase da pesquisa concentrava-se em torno de uma dessas associações, a Sociedade Amigos do Paicará.

Cerca de vinte e cinco pessoas participaram com assiduidade das reuniões para coleta dos dados primários no Paicará. A "população flutuante" podia variar em torno de mais ou menos outras vinte. Muitas outras pessoas freqüentavam a sede da SAP sem estarem engajadas no trabalho de comunicação, mas podiam eventualmente participar de uma ou outra reunião.

Para testar a hipótese de que as três variáveis provisoriamente definidas como possíveis fatores de elevação do nível de consciência crítica estariam positivamente relacionadas com o tipo de organização social a que o trabalhador se afilia, e como a maioria das pessoas dos universos pesquisados nas duas comunidades eram militantes apenas do movimento de bairros ou não eram militantes de qualquer organização, foram realizadas sessões de trabalho com grupos de militantes sindicais e de militantes de partido político durante os dois períodos.

Esses encontros com militantes sindicais e partidários não eram tão sistemáticos quanto os das comunidades, como será visto na seção seguinte. Em Natal, o sindicato foi o da Construção Civil; no Litoral de São Paulo, o Sindicato dos Gráficos. O partido político foi o mesmo nas duas situações: o Partido dos Trabalhadores. Além disso, foram realizados alguns encontros com militantes de diversos sindicatos no Centro Pastoral Vergueiro em São Paulo. O número de pessoas nas reuniões de todas essas entidades era irregular e raramente as pessoas se repetiam. A média, entretanto, girou em torno de dez.

III.3. *Procedimentos*

Minha entrada nas duas comunidades em que se realizou a parte mais volumosa do trabalho de coleta de dados primários se deu de forma bastante natural, o que facilitou enormemente o relacionamento com as pessoas e, em conseqüência, o desenvolvimento da pesquisa-ação.

As duas histórias são bastante parecidas. Nos dois casos, um estudante de Jornalismo, filho de operário, residente no bairro que acabaria se transformando no local da pesquisa de campo, solicitou meu auxílio para a implantação de um jornal dos moradores de cada um dos dois bairros.

No caso de Lagoa Seca, o grupo que editava o jornal pretendia, através do veículo, criar uma associação de moradores. No caso do Paicará, a associação de moradores é que financiava a edição do jornal e o grupo que o elaborava esperava, por seu intermédio, dar uma orientação política mais combativa à atuação da sociedade.

Minha apresentação aos grupos, em ambos os casos, deu-se na forma de uma pessoa de experiência jornalística, que iria ajudá-los na elaboração do jornal. Durante os primeiros meses de contato, a maior parte das conversas entre mim e eles foi ocupada pelos assuntos referentes ao jornal, mesmo porque eu aguardava o início de uma nova telenovela para iniciar o trabalho sistemático em relação à consciência crítica diante da TV. Mas como o assunto era jornalismo, comunicação, portanto, freqüentemente a conversa esbarrava na televisão e, aos poucos, introduzi a idéia de se discutir televisão de maneira programada. Nos dois casos, nossos encontros semanais acabaram sendo divididos em duas partes: primeiro, a discussão dos problemas dos jornais, depois conversa sobre a programação da semana que se encerrava na TV. Na Lagoa Seca, os encontros eram nos sábados à tarde, no Paicará, nos domingos à tarde. Em geral, as pessoas que tomavam parte na primeira parte da reunião eram as mesmas que ficavam na segunda. Mas havia algumas senhoras que não participavam das discussões sobre o jornal mas gostavam de conversas sobre a novela e alguns rapazes que eram muito ativos no que se referia ao jornal mas não se sentiam à vontade nas discussões sobre novela. Portanto, ocorria uma pequena variação entre o grupo do jornal e o grupo da TV e isso aconteceu nos dois casos.

Em relação aos grupos dos sindicatos, a coisa ocorreu de forma mais artificial e, portanto, mais problemática. No caso do Sindicato da Construção Civil, em Natal, aproximei-me por intermédio de um dos integrantes do grupo da Lagoa Seca, jovem liderança do movimento de oposição (que, um ano depois de minha saída de Natal, acabou sendo eleito para uma das diretorias, em eleição na qual derrubou-se uma chapa "pelega" no poder desde 64), que me apresentou a alguns militantes com os quais me encontrei cerca de quatro vezes. Em Santos, alguns diretores do Sindicato dos Gráficos, companheiros meus de militância política, levaram-me a alguns encontros com pessoas de atividade sindical. No CPV, os encontros com líderanças sindicais ocorreram com objetivos profissionais jornalísticos, para elaboração de matéria sobre a receptividade de determinada programação de TV junto a pessoas da classe operária e, nas conversas, acabou-se falando em *Jornal Nacional*.

Nos diretórios do partido político, os encontros eram mais simples. Como integrante de um núcleo de professores universitários do diretório provisório do PT de Natal e membro efetivo do primeiro diretório oficial do PT de Santos, tinha a oportunidade de conviver quase diariamente com os companheiros militantes do Partido e, apesar de nunca ter-se realizado uma reunião formal com o objetivo de discutir a programação televisiva, as conversas sobre o assunto eram constantes e muitos subsídios puderam ser extraídos delas.

Em todas as situações, as pessoas que forneceram dados para este trabalho estavam plenamente cientes de que se tratava de uma pesquisa para elaboração de tese na Universidade e todas se prontificaram a colaborar voluntariamente com o autor, cedendo seu tempo e sua inteligência para dar o melhor de si. Não foram poucas as pessoas que, ao longo das semanas, passaram a sistematizar elas próprias suas observações, fazendo anotações e fichamentos, a exemplo do que observavam que eu fazia. Diversos desses encontros, em especial depois que a confiança entre pesquisador e entrevistados já estava ganha, foram gravados em áudio para posterior e mais detalhada análise do pesquisador. Antes disso, nos primeiros encontros, eu não fazia anotações no decorrer das sessões, preferindo transcrever minhas observações imediatamente após seu encerramento, assim que chegasse em casa. Quando sentia que já havia clima para tanto, começava a fazer anotações durante nossas próprias reuniões. Como já foi referido anteriormente, à maioria das sessões compareceram outras pessoas de nível universitário, em geral alunos dos cursos de Comunicação, que também realizavam observações a respeito das reuniões para efeito de controle de meus vieses pessoais.

O monitoramento do conteúdo da programação foi feito de formas diferentes em cada um dos períodos de observação sistemática. De agosto de 1980 a fevereiro de 1981, durante a exibição da telenovela *Coração Alado*, de Janete Clair, ele se deu mediante anotações realizadas pelo autor durante a própria emissão da programação (jornal, novela e anúncios). De setembro de 1981 a março de 1982, durante a exibição da telenovela *Brilhante*, de Gilberto Braga, ele se deu mediante anotações realizadas pelo autor durante a reprodução de fitas de vídeo com a gravação do "bloco das oito" da Globo. Evidentemente, a análise de conteúdo nesse período pôde ser mais detalhada, graças às possibilidades de repetição de trechos determinados abertas pela utilização do videocassete. Chegou-se a cogitar da possibilidade de os grupos entrevistados também poderem assistir a alguns programas em vídeo, mas em virtude de dificuldades operacionais, isso não foi possível. No entanto, algumas das pessoas entrevistadas, isoladamente, assistiram junto com o pesquisador alguns trechos de novela e jornais na residência do autor, esporadicamente.

Ao longo dos períodos de outras novelas nos anos de 1979, 1980, 1981, 1982 e 1983 (especificamente *Baila Comigo*, de Manoel Carlos, *Sétimo Sentido*, de Janete Clair, *Sol de Verão*, de Manoel Carlos e *Louco Amor*, de Gilberto Braga), o conteúdo dessas telenovelas, do *Jornal Nacional* e dos anúncios foi analisado assistematicamente pelo autor e eventualmente discutido com os grupos pesquisados.

III.4. *Instrumentos*

O instrumento mais utilizado para a coleta de dados primários foram as sessões de trabalho com os grupos pesquisados. Eram reuniões em que a pauta era sempre a mesma: a programação do bloco das oito da Globo da semana que se encerrava. Embora eu coordenasse as reuniões, não havia "palestras". A palavra era simplesmente colocada em aberto e apenas em casos de dificuldade para o início do debate é que eu procurava instigá-los. Os vícios professorais, no entanto, levaram-me a muitas vezes falar mais do que devia e a induzir as pessoas a conclusões apressadas a respeito de determinados temas.[H]

A análise de conteúdo do *Jornal Nacional* era por mim realizada através do destaque das unidades informativas de maior relevo de cada dia e posterior tentativa de compreender o enfoque e angulação dados a cada uma dessas matérias, ilustrações visuais utilizadas, critérios de edição perceptíveis, distribuição de tempo aos entrevistados, duração das matérias, carga semântica aposta a determinados conceitos que poderiam ser considerados como centrais, os interesses comerciais em jogo que podiam ser detectados, os interesses políticos em jogo passíveis de constatação, etc.

Além disso, procurava realizar uma análise comparativa entre o noticiário do *Jornal Nacional* e o dos principais jornais impressos do País, dia a dia, com atenção especial para a primeira página e para a maneira de enfocar determinados assuntos que haviam aparecido tanto na TV quanto na imprensa.

Foi utilizado um questionário com perguntas abertas em Lagoa Seca, com duplo objetivo: realizar um levantamento demográfico para os responsáveis pelo jornal *A Peleja* e tentar aferir alguns sentimentos da comunidade em relação à televisão para esta pesquisa. Além disso, procurava-se atrair mais pessoas interessadas em participar tanto do jornal como das sessões de discussão da programação de TV. Esse questionário foi aplicado de casa em casa e, além do pesquisador, algumas lideranças da própria comunidade fizeram as entrevistas.

Entrevistas em profundidade foram realizadas com repórteres, editores, pauteiros e produtores do *Jornal Nacional* no Rio de Janeiro e em São Paulo, com o objetivo de ampliar a compreensão do autor acerca das condições internas de produção do programa e das contradições políticas que engendram o produto final que é levado ao ar. Outras entrevistas em profundidade foram feitas com responsáveis pelo departamento comercial da Rede Globo de Televisão, com o objetivo de melhor apreender a dinâmica do processo gerencial e publicitário e sua lógica interna e eventuais conseqüências que possam ser sentidas na programação, particularmente a jornalística.

O autor procurou manter-se sempre atualizado em relação ao comportamento da audiência e do mercado publicitário televisivo ao longo destes cinco anos, através da leitura de jornais e pesquisas e de conversas informais ou profissionais com pessoas da área para situar com exatidão o papel da Rede Globo e do *Jornal Nacional* no processo da indústria cultural brasileira.

Ao longo destes cinco anos, foram efetuadas também leituras dirigidas de centenas de livros, artigos e teses sobre a dinâmica da indústria cultural e do telejornalismo no Brasil e em outros países, com o objetivo de manter atualizado um quadro de referência teórico que servisse de embasamento para esta tese.

Essas leituras também procuraram acompanhar o debate de problemas de ordem metodológica, em especial o que se referisse especificamente à pesquisa-ação, com o objetivo de também manter atualizado um quadro de referência epistemológico para este trabalho.

Finalmente, as aulas dos cursos do programa de pós-graduação e os debates com estudantes e colegas professores e as missões jornalísticas no exercício da profissão trouxeram subsídios complementares para uma melhor compreensão de todo o processo cultural brasileiro contemporâneo.

IV. A TV em Lagoa Seca e Paicará

Os dados primários colhidos para formar esta seção foram obtidos logo ao início do processo de observação nas duas comunidades e podem ser considerados como suficientes para que se tenha uma idéia razoavelmente aproximada das opiniões e avaliações típicas dos moradores desses dois bairros operários. Ao longo do processo de pesquisa-ação, as pessoas que nele se envolveram provavelmente terão mudado algumas de suas posições, como inclusive será demonstrado nas seções seguintes. Mas a maneira como pensavam a televisão no começo da investigação pode ser considerada como típica, dentro das diversidades naturais em qualquer grupo humano, de Lagoa Seca e Paicará.

As duas comunidades são constituídas de pessoas com muita proximidade cultural. O bairro do Paicará (ou Pae Cará), fundado em 1956, depois da tragédia da queda dos morros de Santos em virtude das fortes chuvas daquele ano, por ser a única área disponível para abrigar os moradores dos barracos levados pelas águas, é, como já foi observado anteriormente, ocupado por um número enorme de migrantes nordestinos. Como exemplo significativo dessa proximidade cultural, basta o exemplo da enorme coincidência de o presidente da Sociedade Amigos do Paicará — entidade junto à qual metade desta pesquisa foi realizada — sr. Francisco, ter sido residente em Lagoa Seca, onde a outra metade do trabalho desenvolveu-se, até o ano de 1959, quando mudou-se com sua família para São Paulo, fixando residência no Paicará.

É claro que enormes diferenças existem entre uma comunidade e outra. Os moradores do Paicará, na sua média, embora sejam na sua maioria nordestinos ou descendentes de nordestinos, já passaram por todo um processo de vários anos em contato com a cultura metropolitana de São Paulo e, embora mantenham arraigados alguns costumes, hábitos (em especial os alimentares) e valores do Nordeste, comportam-se de forma diferente de seus conterrâneos que permaneceram na região de origem. Igualmente, apesar das condições de vida em um e outro bairro serem parecidas, há acentuadas diferenças: o padrão de consumo de bens materiais médio no Paicará é bastante superior ao de Lagoa Seca, o nível de escolaridades também, as opções de diversificação do consumo de bens simbólicos são maiores, bem como as de variedade de fontes de informação em geral.

Boa parte dos trabalhadores do Paicará prestam ou já prestaram serviços a empresas industriais que se colocam entre os setores de ponta do ponto de vista tecnológico e há entre eles porcentagem maior de pessoas com atividade sindical ou passado de militância política em relação ao conjunto dos trabalhadores de Lagoa Seca, o que se revela, inclusive, pela existência de várias associações de moradores no bairro do Guarujá e nenhuma no de Natal.

Apesar de todas essas diferenças, a televisão é uma instituição social enxergada de maneira muito similar por uma e outra comunidades. A começar pelo tipo de programação consumida: em 1980, na cidade do Natal, a Rede Globo era a única emissora comercial a ser captada pelos telespectadores (a única concorrência, portanto, era da TV-Universitária do Rio Grande do Norte, cuja audiência não conseguia roubar nem um ponto de IBOPE da Globo) e tal situação permanecia inalterada em dezembro de 1983; em 1981, no Paicará, embora a Globo enfrentasse a concorrência comercial da TV Record (que, nos domingos, graças ao Programa Sílvio Santos, tinha boa audiência no bairro), além da representada pela TV-2 Cultura, do Estado (que, a exemplo da TV-U de Natal, não consegue ultrapassar um ponto de audiência), a maioria absoluta dos telespectadores sintonizava a Globo quase todo o tempo, como continuou acontecendo até dezembro de 1983, apesar de ter-se iniciado neste meio tempo a recepção na área da TV-S, com bons índices de IBOPE no período vespertino.

Assim, tanto em Lagoa Seca quanto no Paicará, televisão é sinônimo de Globo. E ela recebe, em geral, uma apreciação positiva da maioria das pessoas. De um modo geral, a Televisão é vista como "uma coisa boa" pelas comunidades.

E o principal motivo para essa atitude simpática é o fato da TV ser considerada um objeto útil e uma fonte de diversão e entretenimento importante. "Sai muita coisa importante que só na TV a gente vê", diz uma dona-de-casa de 38 anos, por exemplo. "Tô vendo o que tá se passando", completa uma operária têxtil de 22 anos. Um militar da reserva, de 55 anos, concorda com esta avaliação que parece não encontrar opositores: "É muito bom, porque mostra tudo o que acontece."

Essa visão de que a TV mostra coisas importantes que, de outra forma, seriam desconhecidas das pessoas, corresponde objetivamente aos fatos, já que a maioria absoluta das pessoas nessas comunidades não dispõe de outra fonte de informação dos acontecimentos dos centros de poder estaduais, nacionais e internacionais, com exceção do rádio, que é inacessível a maior parte do dia aos que trabalham fora de casa e apresenta, na média, um serviço informativo muito fraco. Por outro lado, representa uma evidência de que as pessoas apreendem e avaliam a TV da maneira que a instituição gostaria: como um veículo de comunicação que mostra "tudo" a seus espectadores.

Entretanto, como será visto adiante, a aceitação da TV como fonte inquestionável não é nem universal nem absoluta. Em primeiro lugar, é significativo o fato de que grande número de pessoas, mesmo entre aquelas de pequena interação social extradoméstica (que são as menos prováveis de apresentarem espírito crítico diante da TV), ressalta, intuitivamente, quando fala da importância do veículo como fonte de informação, a peculiaridade de que tal importância decorre do fato de que é ele o único meio através do qual elas podem inteirar-se dos acontecimentos de fora de sua cidade. Da sua cidade, elas sabem que contam com outros meios de informação. O problema são os fatos de fora. "O repórter das oito tem as notícias do mundo, as novidades, os projetos", diz uma dona-de-casa de 36 anos. "O repórter tem notícias do mundo todo", justifica um marceneiro de 58 anos para explicar seu fascínio pela TV. "Antes, não entendia nada de problemas de outros Estados", recorda outra dona-de-casa de Lagoa Seca, local em que a introdução da TV é ainda suficientemente recente para permitir comparações desse tipo. Finalmente, um aposentado resume a importância da TV para essas pessoas: "Só na TV a gente sabe o que se passa em outros países."

Por outro lado, essa busca de informação e entretenimento não ocorre de forma aleatória por completo. As pessoas revelam um grande senso de utilitarismo na maneira como se valem da TV. Assim, por exemplo, embora o fato de transmitir informações de outros lugares seja um conferidor de *status* para o veículo (há até quem, como um estudante de 16 anos, acredite que ele seja uma garantia de credibilidade para o meio: "Se eles transmitem de Brasília e do Exterior, não iriam mentir", raciocina ele), o noticioso que mais os motiva e agrada é o local (atualmente mostrado imediatamente antes da edição nacional, mas em 1980/81, conhecido como "o jornal das sete"), por ser ele o que trata de assuntos de interesse mais próximo do espectador (muito embora a edição local da Globo vista em Natal seja produzida e gerada em Recife e a vista no Guarujá seja produzida e gerada em São Paulo).

Todo o trabalho de pesquisa-ação, nas duas comunidades, descobriu que as pessoas retêm, sem dúvida, em suas mentes, as notícias que digam respeito a seus interesses mais imediatos, em outra demonstração do sentido utilitarista que se dá ao veículo. Embora o nível de retenção seja bastante reduzido, como indicam vários estudos já citados ("escuto tudo, mas não gravo nadinha", constatava melancólica uma viúva de 39 anos ao início de cada sessão de trabalho, aberta quase invariavelmente com um pedido para que as pessoas citassem os assuntos mais importantes mostrados pelo *Jornal Nacional* ao longo da semana que se encerrava), as matérias que tratassem de temas próximos às necessidades imediatas dos participantes logo assomavam à memória da maioria (nova lei de usucapião, em Paicará, visita do presidente da República às frentes de emergência, na Lagoa Seca, por exemplo).

Ser uma forma de diversão barata e que não exige o esforço de locomoção de casa é outra razão utilitária para avaliar-se positivamente a televisão: "É a melhor coisa do mundo. A gente se diverte sem sair de casa", maravilha-se um marceneiro de 58 anos de idade. "Adoro. A gente tá sozinha, aí liga a TV e passa o tempo", assegura uma estudante de 15 anos.

Mas, para muitos, a TV não é só passatempo. É maneira de avançar intelectualmente. "É de utilidade para ficar sabendo de muitas coisas", assevera um eletricista de 26 anos, com o que concorda um montador de esquadrias de alumínio de 33 anos: "A gente aprende muitas coisas com ela", "coisas que a gente nunca viu nem vai ver", completa uma operária têxtil de 19 anos. Há mesmo quem dê destino bastante específico ao que vê no vídeo: "Cai muita coisa do repórter nas provas de Geografia", de acordo com um estudante de segundo grau de quinze anos que acha até que o aparelho ensina melhor do que o professor (e ele não se referia à programação da emissora educativa nem da Fundação Roberto Marinho).

Outras pessoas, em especial as mulheres, utilizam a TV, particularmente os programas de ficção e entre eles as novelas, para refletir sobre os problemas reais de suas próprias vidas. Na primeira sessão de trabalho no bairro do Paicará, respondendo a uma afirmação em que "seu" Orlando, um dos diretores da Sociedade Amigos do Paicará, de certa forma procurava menosprezar as mulheres por gastarem tanto tempo de seus dias assistindo novelas, Elza, dona-de-casa com uma pequena militância no departamento feminino de um partido político, o PMDB, contra-argumentou: "Se mulher vê tanta novela, é porque é a única maneira de pensar em outras coisas que não seja o serviço dela." E continuou o raciocínio: "A novela serve pras pessoas se verem do jeito que elas são mas não aceitam." Mais ou menos a mesma conclusão de um desempregado de 21 anos em Lagoa Seca que resumiu de forma muito mais concisa: "Serve pra gente pensar na vida" ou a de Clifford Geertz que se expressou de maneira bem mais complexa, mas muito próxima da de Elza:

> "...qualquer forma de arte... torna compreensível a experiência comum, apresentando-a em termos de atos e objetivos dos quais foram removidas e reduzidas (ou aumentadas, se preferirem) as conseqüências práticas ao nível da simples aparência, onde seu significado pode ser articulado de forma mais poderosa e percebido com mais exatidão... o que ela faz é assumir temas — morte, masculinidade, raiva, orgulho, perda, beneficência, oportunidade — e, ordenando-os numa estrutura globalizante, apresenta-os de maneira tal que alivia uma visão particular da sua natureza essencial." [66]

Geertz estudava a briga de galos em Bali como uma expressão artística. Elza falava das novelas de TV. Mas tanto uma quanto outra, como igualmente *Lear* ou *Crime e Castigo* para outras pessoas com outros temperamentos e convenções sociais, são meios de expressão, cuja função, como perceberam tanto Geertz quanto Elza, é exibir paixões sociais a um público que vai utilizá-los como se fossem um gabarito, um diagrama para organizarem seus próprios processos sociais e psicológicos.

Aliás, o papel da ficção é claramente diferenciado do papel do Jornalismo na cabeça das pessoas que consomem TV em Lagoa Seca e no Paicará. Essas pessoas compreendem a lógica dos enredos, a ponto de prever seus desdobramentos e finais com grande possibilidade de acerto; sabem que se trata de fantasia, não de realidade, mas usam as histórias dos personagens para, tomando-os muitas vezes como tipos ideais, lembrar de suas próprias histórias, refletir sobre elas e, quem sabe, modificá-las eventualmente. "Serve para discutir a vida da gente", resume uma dona-de-casa. Mas apenas uma parcela da vida da gente, como Elza, mais uma vez, conclui com exatidão: "A novela mostra a realidade, mas só uma parte dela, uma realidade menos ampla. Por exemplo, a novela quase nunca sai da casa das pessoas. Não tem os problemas do trabalho, só os de casa."

Talvez em virtude dessa limitação, as mulheres — que em geral ficam mais em casa — são as que mais utilizem a novela para pensar suas vidas. Como será visto nas próximas seções, questões da maior importância como o aborto, por exemplo, são refletidas a partir de uma temática de novela que, apesar de quase sempre adotar uma posição conservadora, pode conduzir a conclusões diferenciadas por parte dos espectadores.

Apesar de ser a mais importante fonte de entretenimento e informação para as comunidades de Lagoa Seca e Paicará, a televisão não é a única. Ela concorre com uma série de outras atividades culturais, nas quais — inclusive — as pessoas não são apenas espectadores, mas também atores. Na Lagoa Seca, há o bate-papo com a vizinhança, o aperitivo no bar, as visitas familiares, as festas populares (das quais as juninas são as mais apreciadas), para as quis a TV muitas vezes cede seu espaço, embora por vezes não totalmente (na festa da Noite de S. João de 1980, por exemplo, em muitas das casas onde as pessoas se postavam à sacada de portas e janelas para assistirem à quadrilha de cerca de 20 casais, entre os quais — numa demonstração de que havia sido considerado parte integrante da comunidade — o pesquisador e sua companheira, os aparelhos televisores continuaram ligados, embora sem espectadores enquanto durou a festa). No Paicará, há o bar, o bilhar, as visitas, as casas de forró e, para os economicamente mais afluentes, o rádio-amadorismo: na SAP, organizava-se, no mesmo período em que este trabalho se desenvolveu, um núcleo de PXs do bairro.

Em termos de informação, a TV tem menos e mais frágeis concorrentes. Na Lagoa Seca, quase que só o rádio. Jornais não chegavam a ser hábito entre os moradores do bairro: "Não tem cigarreira perto e se eu já vi tudo na televisão, pra que eu vou querer ler no jornal?", justificava-se um deles. Mas alguns — exatamente os que revelavam maior poder de crítica, como será mostrado adiante — recorriam à imprensa por sentirem necessidade: "Tenho que ler o jornal para saber a questão toda porque o repórter só faz dar uma parte", explicava uma dona-de-casa de 40 anos da Lagoa Seca. Outros realizam o caminho contrário: porque têm outras fontes, duvidam, como uma comerciária de 30 anos: "Não acredito em tudo que aparece na TV porque leio jornal e ouço rádio." O rádio, apesar disso, é um meio que ajuda muito pouco a questionar a TV. As emissoras tanto de Santos quanto de Natal não possuem departamentos de jornalismo de verdade e limitam-se, quando muito, à leitura dos jornais do dia à guisa de informativo. Muitas pessoas acabam tendo como fonte complementar de informação os amigos, colegas de trabalho ou companheiros de eventuais organizações em que tomem parte. É o caso de uma dona-de-casa de Lagoa Seca: "Não acredito em tudo não, porque o pessoal me diz que o repórter mente muito."

Aliás, a credibilidade da televisão como um todo e do jornalismo televisionado em particular não é, como muitos imaginam e afirmam, absoluta. As pessoas podem não saber verbalizar, podem não compreender os motivos e, por isso, não demonstrar espírito crítico, não agir e — até mesmo — aceitar as versões do mundo da TV e conformar, em alguns casos, sua visão da realidade a elas. Mas são poucas as que aceitam tudo que a TV diz como verdadeiro. E estas são exatamente aquelas que menos contato têm com outras pessoas, outras fontes de informação, que menos saem de casa, menos conhecem "o mundo real".

É o caso do já citado estudante de 16 anos que acha que o fato de transmitir notas do Exterior confere ao telejornalismo inevitável credibilidade. Ele reconhece que nunca conversa com ninguém sobre as notícias da TV porque a maioria de seus amigos acha o telejornalismo "muito cacete". É também o que ocorre com um operário da indústria têxtil de 22 anos que não é filiado a qualquer entidade, nem ao seu próprio sindicato, é solteiro e só costuma sair com colegas que não gostam de Jornalismo: "Acredito no telejornal porque tá filmando e a gente tá vendo o que tá acontecendo". Ele aceita, sem restrições, a ideologia da tecnologia que registra a realidade sem limites nem mascaramentos. Uma viúva de 42 anos, dona-de-casa, que garante que não gosta de conversar "essas coisas" é outra que acata por completo as notícias da TV: "Eles não iriam contar mentiras." E a imagem de bom moço dos apresentadores atinge em cheio seus objetivos em casos como o da estudante de 15 anos: "Gosto muito do Cid Moreira. Ele não falaria mentira." Definitiva, uma costureira de 56 anos, que quase nunca deixa sua máquina, conclui: "É a fala da verdade."

Mas, mesmo entre algumas dessas pessoas que não mantêm muitos contatos com outras fontes de informação, há dúvidas mal explicadas e nuances de credibilidade. Uma operária da indústria têxtil de 19 anos, por exemplo, intui: "Tem coisa que a gente sente que não é verdade." Muitos fazem uma diferenciação entre o *Jornal Nacional* e o *Fantástico*. Este merece muito menos respeito do que aquele, talvez pelo caráter sensacionalista das matérias, embora, ao menos no princípio da pesquisa-ação, quase ninguém soubesse explicar os motivos. Curiosamente, há casos em que o descrédito em um gênero de programação afeta a credibilidade dos demais. Socorro, dona-de-casa de 20 anos, por exemplo, quando vê algum episódio totalmente inverossímil numa novela ou numa série, passa a duvidar das notícias do próprio *Jornal Nacional*.

Muitos, que acreditam na boa natureza humana, não conseguem perceber razões para a TV tentar enganar alguém e, por isso, na dúvida, beneficiam o réu, como um desempregado de 21 anos, ausente de qualquer organização social: "Que interesse eles teriam de mentir?". Outros acreditam em princípio, mas depois percebem que o telejornal pode errar e, a partir daí, colocam-no em dúvida: "Nem tudo o que aparece é verdade porque dizem uma coisa num dia e desmentem no outro, por exemplo a questão dos preços."

Aliás, há uma confusão interessante na cabeça de muitos trabalhadores de Lagoa Seca e Paicará sobre quem merece credibilidade ou não: a fonte da informação ou quem a veicula? Assim, o estudante de 15 anos acima citado duvida da TV porque as autoridades anunciam um dia uma política de preços e noutro dia a modificam, da mesma forma que um policial militar de 22 anos diz que não acredita na TV quando ela anuncia "histórias de aumento de salários" ou "que o Brasil tá produzindo mais na agricultura". É a mesma reação de um operário têxtil de 43 anos que reage à pergunta sobre a credibilidade dos telejornais com a resposta: "Negócio de deputado que anuncia um projeto sobre o salário mínimo, eu não acredito." Sua descrença é em relação às instituições políticas, assim como a do policial militar é em relação às autoridades econômicas, mas eles a atribuem ao veículo através do qual tanto as instituições políticas quanto as autoridades econômicas chegam às suas casas.

Quando o trabalhador já tem um senso crítico em relação à TV um pouco mais solidificado, como é o caso do presidente da SAP, "seu" Francisco, permite-se até alguma ironia ao responder perguntas sobre a imparcialidade do telejornalismo: "Eles são imparciais, sim. Mas imparciais só até certo ponto. De certo ponto para cima, eles não são mais imparciais." Mas, mesmo nesses casos, parece que a ideologia do poder quase sagrado da Globo permanece, pairando sobre suas cabeças e duvidar dele constitui quase uma heresia, como expressou gostosamente "seu" Orlando, também diretor da SAP: "Deus me perdoe, mas parece até que tem uma espécie de combinação entre a Globo e o governo."

Finalmente, há os que não acreditam muito no telejornal, mas, ao contrário do grupo que condena a TV pelas mentiras das fontes, preferem absolver os jornalistas, como esta dona-de-casa de 28 anos: "Não acredito em tudo que a TV diz, não. Porque o repórter repete o que os outros dizem, mas eles só ouvem os bacanas." Ela confia também integralmente em Cid Moreira, mas diante das incongruências entre o que ouve e o que vê na sua vida cotidiana, é obrigada a colocar em dúvida a TV, mas prefere não macular a imagem de seu ídolo, retirando a responsabilidade dos jornalistas.

A comparação entre o que está nas telas e o que está nas ruas, nas casas dos espectadores é, por sinal, o método mais simples de questionar os telejornais e, dependendo do encaminhamento que houver, iniciar a formação do senso crítico em relação à TV. Como será visto adiante, através da simples constatação de que o otimismo do ministro Delfim Neto no *Jornal Nacional* não encontra repercussão no duro dia-a-dia do operariado pode nascer uma disposição para encarar mais criticamente todo o noticiário.

Os trabalhadores de Lagoa Seca e Paicará têm sua preferência por determinados tipos de notícias. Eles consideram, na média, as notícias do País como as mais importantes, embora dêem maior atenção às locais e confiram maior prestígio às internacionais. Gostariam de ver mais freqüentemente notícias sobre aumentos de salários e gostam muito quando elas aparecem nos vídeos. Reclamam mais realismo nos noticiários, mas de um modo geral aceitam a ideologia do conceito de notícia em TV: satisfazem-se mais com as matérias sobre tragédias, mortes de pessoas famosas, assaltos, assassinatos, seqüestros do que as reportagens mais aprofundadas e de análise. Apenas os mais críticos afirmam preferir programas de debates e reportagens especiais e, inclusive, reclamam dos horários em que são exibidos (em geral tarde da noite, o que impossibilita sua audiência).

Sentem grande simpatia e empatia com os personagens (reais ou fictícios) que tenham uma imagem de moralidade inquestionável, dedicação à vida em família, que tenham vencido por esforço próprio ou que tenham sofrido perseguições e injustiças. Embora não se possa afirmar taxativamente, a tendência a empatizar com os que sofrem apareceu mais forte em Lagoa Seca do que no Paicará. Aqui, o protótipo mais apreciado é o da *self-made person*. Como ilustração, curiosamente nas duas novelas estudadas durante a pesquisa, o personagem que quase unanimemente atraiu as maiores simpatias dos dois públicos foi representado pela atriz Vera Fischer. Em *Coração Alado*, analisada junto à população de Lagoa Seca, ela viveu a sofredora, perseguida e injustiçada Viviam Ribas. E em *Brilhante*, analisada junto à comunidade do Paicará, a forte, decidida, competente e corajosa Luísa.

As conclusões provisórias que estes dados preliminares permitem são de que, em geral, o nível crítico dos espectadores de Lagoa Seca e Paicará não era muito alto quando se iniciou o trabalho desta pesquisa-ação. Os questionários com perguntas abertas e as primeiras conversas nas sessões de trabalho revelavam que a maioria das pessoas entrevistadas não conseguia perceber quase nenhuma das operações ideológicas inerentes à programação televisiva numa sociedade como a brasileira. Se seu perfil de maneira alguma se assemelhava à massa alienada que os discípulos de Frankfurt esboçam em suas caricaturas da audiência dos meios de comunicação de massa, tampouco estava próximo ao da massa insurgente, com absoluta consciência de classe, que os revolucionários de gabinete gostam de imaginar após apressadas leituras de autores do século XIX.

As lideranças da comunidade, pessoas com maior traquejo social, experiência de militância política, alguns contatos com a prática da televisão, maior nível de escolaridade (embora nem sempre), maior convívio com pessoas de espírito crítico consolidado, acesso mais fácil a outras fontes de informação além da TV, consciência de classe mais desenvolvida eram, como se podia supor, os que, desde o primeiro contato demonstravam maior capacidade para corretamente desvendar os mistérios da TV e suas "manhas" ideológicas.

Em torno dessas lideranças é que se reuniram os grupos que serviram como "universo" da pesquisa. Elas eram mais jovens, homogêneas e ideologicamente consistentes no caso de Lagoa Seca. Situavam-se mais à esquerda do que no Paicará. Ali, em torno de Ivanildo, eletricista da construção civil, que já havia realizado um curso sobre comunicação promovido pela Igreja Católica em Recife, juntavam-se pessoas quase todas jovens (entre 16 e 35 anos, na quase totalidade) que tinham preocupação e interesse pelos meios de comunicação. Ivanildo tinha idéias bastante claras sobre o jornal que pretendia fazer para e com os moradores de Lagoa Seca e, apesar de muitas limitações, percebia com alguma eficiência as principais operações ideológicas da TV. Chegava, por exemplo, às primeiras reuniões, com a convicção de que a TV era um instrumento da burguesia, mas com a certeza de que se podia utilizá-la para arregimentar pessoas. Ele próprio se entusiasmara com a possibilidade da organização sindical após assistir notícias nos meses anteriores sobre os êxitos do Sindicato dos Metalúrgicos de São Bernardo do Campo.

A outra liderança do grupo de Lagoa Seca era "Mano", metalúrgico, com 26 anos como Ivanildo, igualmente com formação política proveniente das comunidades eclesiais de base. Menos experiente em projetos de comunicação, tinha colaborado apenas com alguns programas da rádio católica de Natal. Suas posições em relação à TV eram um pouco mais maniqueístas do que as de Ivanildo, mas ele mostrava disposição para ouvir opiniões diferentes. Em torno de Ivanildo e "Mano" giravam as disputas políticas e o ânimo do grupo.

Como figuras de destaque, ainda havia Edivan, estudante do curso de Jornalismo da UFRN que participava do projeto do jornal da Lagoa Seca desde o início, outro "Mano", metalúrgico, Mira, operária têxtil. Edivan tinha as teorias dos autores que lia na Universidade, mas preferia não se manifestar com freqüência. "Mano" e Mira tinham ascendência moral forte sobre todo o grupo, mas poucas idéias sobre comunicação, soltando-se apenas durante a pesquisa-ação. O grupo se completava com Neidinha (comerciária), Da Paz (estudante de 2.º grau), Toinha (operária têxtil), Deusinha (estudante de 2.º grau), José (pintor), Edilson (o mais velho do grupo, aposentado), Maria de Lourdes (dona-de-casa), Antonio (comerciário), Erineide e Erinalva (donas-de-casa), Luiz (pedreiro) e outras pessoas que não eram muito assíduas.

No Paicará, havia uma liderança formal da SAP, constituída por pessoas mais idosas e menos politizadas, que por vezes demonstravam enorme ingenuidade diante do fenômeno da comunicação, mas em outras situações, agudeza crítica quase intuitiva decorrente de suas experiências de vida. Ela estava constituída basicamente por "seu" Francisco, o presidente e "seu" Orlando, o tesoureiro, os únicos membros da diretoria que participaram mais ativamente das sessões de trabalho. E havia uma liderança emergente, jovem, constituída por pessoas com mais participação política, formada por Jorge (operário da indústria química) e Sérgio (doqueiro), com idéias mais à esquerda, mas por vezes também bastante ingênuas. Além deles, havia Silvia (doméstica), Marilda (faxineira), Mara (dona-de-casa), Eliane (estudante), Luiz Sérgio (estivador), Das Dores (doméstica), Paula (estudante de 2.º grau), Lizete (costureira), Noronha (eletricista), Aurora (doméstica), Renato (estivador) e Elza (dona-de--casa), que se constituíram no núcleo do grupo que trabalhou no Paicará.

Dos contatos iniciais com esses grupos e dos questionários com perguntas abertas a outras pessoas das comunidades, portanto, pode-se ter uma idéia geral de que os trabalhadores da Lagoa Seca e do Paicará pouco percebiam em torno dos interesses econômicos e políticos que estão por trás de uma operação tão gigantesca como é a gerência da Rede Globo de Televisão. Na verdade, eles não têm nem mesmo perfeita dimensão do seu tamanho. Sabem apenas que é grande e tendem a mitificá-la.

Normalmente, não percebem as operações técnicas do processo de "produção" da notícia, como o *timing*, a edição, a ausência de *background* histórico, os eixos semânticos em torno dos quais giram as conotações valorativas do texto, os apelos significativos dos recursos visuais, a ideologia da tecnologia e de contemporaneidade da informação.

O que é percebido com alguma correção, principalmente pelas lideranças da comunidade, são os aspectos mais ostensivos do conteúdo. Por exemplo: a falsa neutralidade da informação, a divisão desigual do tempo dos depoimentos (sempre mais para representantes do governo e do partido do governo do que para os de oposição), a seleção das fontes de informação sempre ou quase sempre em favor do governo ou dos patrões, que os problemas dos trabalhadores raramente são abordados e quando o são, na maioria das vezes, a abordagem lhes é desfavorável e a representação estereotipada dos trabalhadores, tanto na ficção (mais simples a observação) quanto no jornalismo e na publicidade.

Sempre falando em termos genéricos, apesar de algumas observações críticas, enquanto telespectadores, mesmo essas lideranças mostram-se satisfeitas. As pessoas se divertem com a programação de entretenimento e sentem-se razoavelmente bem informadas com a programação jornalística. Os anúncios, apesar de merecerem a maior saraivada de golpes por sua ideologia consumista, cumprem seu papel:

depois de algumas sessões de trabalho, vencidas as resistências da vergonha de confessar "fraquezas" e superado o receio do "patrulhamento", a maioria admite orientar suas compras pela publicidade televisiva.

Entre os homens e entre os mais consistentes do ponto de vista ideológico, há um nítido preconceito contra as novelas, tidas como muito mais alienantes do que os telejornais. Estes estão cercados da aura da "informação séria", enquanto aquelas sofrem o estigma de "coisa de mulher", ainda muito forte em comunidades em que o machismo é uma realidade indiscutível.

Como conseqüência quase direta desses preconceitos, o jornalismo televisivo goza de um prestígio muito maior, conduzido pelas lideranças masculinas, do que as telenovelas. O *Jornal Nacional*, mesmo com os senões ideológicos, ainda é mais "verdadeiro" do que qualquer novela. Não chega a gozar de credibilidade cega, como já se viu e se verá melhor, mas sem dúvida que a dele supera a das novelas. "Deu no *Jornal Nacional*" é uma expressão utilizada com freqüência mesmo entre lideranças de bairro para dar foros de verdade e prestígio a um assunto qualquer.

Não há dúvidas que o *Jornal Nacional* exerce para essas comunidades o papel de estabelecedor dos assuntos que vão ser discutidos. Mais do que formar opiniões a respeito dos grandes temas nacionais, ele define quais são os grandes temas nacionais para a maioria das pessoas. Assim, seu principal papel político talvez esteja na tarefa que lhe é diariamente confiada de graduar o que é e o que não é importante para os brasileiros, e não o de convencê-los de tal ou qual posição.

As telenovelas, apesar de menos nobres e, em conseqüência, relegadas a segundo plano, têm importante função no que se refere à ideologia da moral e dos problemas domésticos, a qual tenta manter com posturas quase sempre conservadoras. Mas às vezes, dependendo do tema e das condições de recepção, é pela ficção que se pode caminhar com maior desenvoltura na direção de mudanças mais significativas na maneira de pensar o mundo dos telespectadores.

Embora não tenha sido objeto de estudo sistemático para este trabalho, pude observar no Nordeste brasileiro o efeito quase revolucionário que teve o seriado *Malu Mulher* naquela região do País. Aquela série que, para os padrões dos costumes de São Paulo e Rio de Janeiro, talvez não contivesse grandes ousadias, embora tenha sido inovador até para esses Estados, possuía algumas cargas de conteúdo muito explosivas para Estados em que o machismo ainda é um traço muito predominante, como é o caso de quase todos os do Nordeste. Se a atuoridade arbitrária e imposta começa a ser questionada dentro de sua própria casa, na intimidade da família, o poder político sente-se ameaçado profundamente. E foi o que ocorreu na reação a *Malu Mulher* no Nordeste. Suas preocupações feministas chocavam-se frontalmente com os interesses de chefias políticas que viram nelas um perigo que precisava ser extirpado. Curiosa, mas não surpreendentemente, num momento como esse, uniram-se a direita mais reacionária com setores da esquerda que também se sentiam ameaçados por este germe de liberação feminina. E os ataques contra o "colonialismo cultural do Sul sobre o Nordeste" partem tanto de uma extrema quanto de outra, fornecendo armamentos para os inimigos de *Malu Mulher*, que acabaria deixando de ser exibido, por diversos motivos, após apenas duas temporadas no ar.[1]

No que se refere à publicidade, o senso crítico observado no início desta pesquisa-ação, e que pode ser considerado como relativamente representativo da média das comunidades de Lagoa Seca e Paicará, era ainda menos agudo do que em relação às programações jornalísticas e de ficção.

A mensagem publicitária também difunde para os espectadores valores ideológicos, opiniões e "verdades" a respeito do universo social em que eles estão inseridos. Embora o faça de forma apenas suplementar, já que sua finalidade expressa e ostensiva é a de induzir o espectador a comprar determinado produto, não deixa de ser importante esse caráter dos anúncios. Na verdade, por ser sub-reptícia, talvez eles sejam até mais eficientes nessa missão do que os programas jornalísticos que teriam a função explícita de cumpri-la, da mesma forma como o *merchandising* nas novelas parece estar sendo mais bem-sucedido do que o comercial às claras na tarefa de sugerir compras aos telespectadores.

Entre os valores morais, políticos e ideológicos subjacentes à mensagem publicitária propriamente dita que os anúncios transmitem, estão por exemplo, os que definem papéis sociais. É o caso das mulheres, que vêm difundida, diariamente, centenas de vezes a imagem de que o papel "natural" que lhes é reservado pela sociedade é o de dona-de-casa, responsável exclusiva pelos deveres domésticos. E o mais interessante é que mesmo as lideranças das comunidades observadas, por vezes tão vigilantes para descobrir desvios que podem até não existir sempre no conteúdo dos telejornais, não são capazes de perceber o caráter ideológico dos comerciais.

Mas, ao que tudo indica, as mensagens publicitárias podem ser muito bem-sucedidas em seu objetivo específico de ajudar a vender ou, no mínimo, informar o consumidor da existência de um determinado produto sem que, necessariamente, seja também um êxito na mensagem ideológica subjacente. Por exemplo, um anúncio de detergente pode convencer uma militante feminista a escolhê-lo na

93

hora de fazer compras no supermercado, mas nem por isso irá demovê-la da convicção de que a tarefa de lavar pratos não deve ser exclusiva das mulheres, como o mesmo anúncio pretenderia induzir.

Como a questão de escolher entre um ou outro detergente não se encontra entre as preocupações básicas nem entre as convicções essenciais dos seres humanos, a persuasão de um anúncio pode ser mais bem-sucedida do que a de um discurso político na televisão. Assim, embora várias pessoas dos grupos observados tenham admitido que compraram um produto qualquer em função do comercial na TV, nenhuma que estivesse posicionada politicamente contra o ex-governador de São Paulo, sr. Paulo Maluf, por exemplo, se deixaria convencer de suas virtudes como pretenderam os diversos "programas especiais" sobre suas realizações que ocuparam vários minutos durante muitos sábados, em horário nobre, no final do ano de 1981 e início do de 1982. As "verdades" dos comerciais não estão, normalmente, próximas ao núcleo central de convicções da audiência e, portanto, desfrutam de maiores chances de êxito por encontrarem menor resistência a seus argumentos do que a enfrentada pelas mensagens que tratam de temas que envolvem maiores compromissos afetivos e ideológicos da parte dos telespectadores.

Quando o produto anunciado, no entanto, atinge o núcleo das convicções das pessoas, então as dificuldades são maiores. Por exemplo, comerciais de cigarros para não-fumantes convictos. Ou mesmo de detergentes não biodegradáveis para militantes do movimento ambientalista. Ou, como foi o caso em um dos líderes das comunidades observadas, anúncio de Coca-Cola para ele, que se considerava um inimigo visceral das multinacionais e via nesse refrigerante um símbolo do objeto de seu mais convicto ódio.

De qualquer maneira, desde os primeiros momentos desta pesquisa, as hipóteses centrais do trabalho já se mostravam convincentes. De fato, como se previa, as pessoas com maior acesso a outras fontes de informação, com maior acervo de conhecimentos e experiências diretas com os temas abordados na TV e que tinham maior contato com a dinâmica da operação dos meios de comunicação de massa foram as que demonstraram maior senso crítico em relação ao conteúdo da TV. Elas eram também as que mais estavam envolvidas com organizações sociais. E, dentre elas, as que tinham maior militância em organizações consideradas de nível superior, como partidos políticos e sindicatos, eram as mais consistentes em suas críticas. Finalmente, também desde o princípio do trabalho foi possível constatar que os efeitos da TV sobre os trabalhadores de Lagoa Seca e Paicará, especificamente os do *Jornal Nacional*, não eram tão devastadores como alguns autores sugerem.[J] Ao contrário, as primeiras indicações demonstravam que, mesmo entre as pessoas com menor espírito crítico, parecia haver uma resistência quase intuitiva que as impedia de aceitar como verdadeiras e definitivas todas as informações veiculadas por ele, muito embora a maioria das observadas fosse incapaz de verbalizar os motivos pelos quais eram levadas a duvidar do programa e muito menos demonstrar ter desconfiança de qualquer das operações ideológicas que se escondem sob o manto do discurso telejornalístico.

V. Senso crítico oriundo de outras fontes

A ação de outros agentes sociais sobre as pessoas que recebem majoritariamente suas informações da televisão é, de acordo com esta tese, uma das principais maneiras através das quais desenvolve-se o senso crítico do público em relação à TV. A hipótese pôde ser comprovada ao longo da pesquisa-ação, como será descrito agora.

Há, no entanto, que se ressaltar o fato de que raramente a ação dessas outras fontes refere-se especificamente ao tratamento que a TV deu aos assuntos e às razões que a levam a abordar os temas de um modo e não de outro. O que acontece, quase sempre, é uma dissonância entre a versão da TV e a versão da outra instituição. Como a televisão está longe e é desconhecida, a versão que entra em choque com a sua, dependendo da ascendência do agente que a veicula sobre o receptor que a escuta, costuma ser mais forte. A confrontação entre as duas interpretações em geral leva o telespectador apenas a uma desconfiança que, aos poucos, caso novos fatos se repitam com freqüência, poderá consolidar-se em descrédito. Mas isso não costuma ocorrer pois a maioria dos telespectadores só tem contato estreito com poucos agentes sociais além da própria TV e, como será visto, as ocasiões de colisão entre o conteúdo dos noticiários com o das demais instituições alternam-se no correr dos meses: ora é um tema que entra em desacordo com a Igreja, depois com o Sindicato, a Família, e assim por diante. Quando um novo desencontro de versões entre a TV e a instituição social a que cada indivíduo está ligado ocorre, passou-se razoável período de tempo e aquela desconfiança quase sempre já ficou superada pela audiência cotidiana da TV.

As únicas possibilidades de se alterar essa regra geral são: ou o confronto entre as versões ser tão forte que leva a um descrédito irreversível (o que é raríssimo, como se pôde observar no caso extremo do incidente das apurações das eleições no Rio de Janeiro, em que nem o clima apaixonado da campanha recém-encerrada nem

97

o ardor provocado pela liderança brizolista foram suficientes razões para que a confiança dos cariocas no jornalismo da Globo sofresse mais do que algumas escoriações epidérmicas) ou ser sistematizado juntamente com outros, de modo a fornecer ao telespectador um quadro em que as distorções da realidade ou os enfoques duvidosos dados pela TV a determinados assuntos se encaixem com explicações para tais procedimentos e o conduzam a um questionamento contínuo capaz de levá-lo ao que se poderia considerar um "senso crítico" em relação à TV. Foi isso o que se pretendeu fazer, em alguma medida, pelo menos no que se refere a uma troca de idéias sobre os temas tratados nos telejornais diários de modo a permitir que pessoas com contato mais próximo a um tipo de agente social pudessem ouvir os relatos de pessoas ligadas a outros tipos de instituições e concluir ou não, conforme o caso, que as dissonâncias por elas observadas em relação a seus agentes sociais prioritários não são episódicas e creditáveis ao mero acaso.

V.1. Fontes interpessoais

É o tipo mais comum de contraste que ocorre. A TV diz uma coisa, um amigo na fábrica diz outra. Ou algum parente desmente a informação no vídeo. Dependendo do tipo de ascendência que a pessoa que desmente a TV tem sobre o receptor, sua reação será diferente. Normalmente, a família é poderosa, mas às vezes ela não chega a ser mais persuasiva do que os amigos.

Ivanildo, um dos líderes da comunidade da Lagoa Seca é um bom exemplo. Durante os períodos de greves no ABC, sua família utilizava o noticiário do *Jornal Nacional* como argumento para tentar demovê-lo da idéia de integrar-se ao movimento sindical, como ele pretendia já em 1978 e 1979 e acabou fazendo em 1980. A interpretação que a família dava às notícias sobre o ABC eram do tipo: "tá vendo, meu filho, essa história de sindicato acaba dando em confusão, briga de rua, prisão; vê se desiste da idéia". Já a interpretação dos amigos de Ivanildo que tentavam levá-lo para a prática sindical eram muito diversa: "tá vendo, o pessoal lá em São Bernardo tá conseguindo se organizar e fazer greves e a lei não consegue impedir; temos que fazer a mesma coisa aqui e a gente tá precisando de você". O conteúdo das matérias da Globo era um só, mas as interpretações eram substancialmente diferentes. Podia até ser que os amigos de Ivanildo chamassem a atenção dele para o fato de que a versão da Globo pretendia fazer com que os telespectadores tivessem uma imagem negativa do movimento sindical, mas isso não tinha tanta importância e, segundo seu depoimento, nem chegou a ocorrer em 78 e 79 alguma análise desse tipo. Só em 80 é que, já no movimento sindical, foi começar a perceber esse tipo de coisa.

Naquele ano, por exemplo, Ivanildo foi alertado para uma das emissões do *JN* em que a notícia curta sobre uma pacífica passeata de mulheres de operários em São Bernardo foi seguida de uma ampla matéria com farta documentação visual de uma passeata de operários da construção civil na França que havia degenerado em saques de lojas e confrontos com a polícia. O *JN* não informou que a causa dos quebras na França havia sido a infiltração de um grupo de extrema-esquerda que, contrariando as determinações do comando sindical, havia dado início às violências. A tentativa de vincular a idéia de violência à de organização sindical era evidente e, quando aquele noticiário foi ao ar, Ivanildo já havia feito seu curso sobre comunicação em Recife e pôde tentar estabelecer uma relação entre a mensagem que se tentou colocar sub-repticiamente no conteúdo ostensivo da informação e uma ação intencional por parte de quem editou o *JN* naquela noite.

Outro exemplo de fontes familiares intervindo no processo de recepção da TV pôde ser observado no Paicará, em outubro de 1981. Na segunda semana daquele mês, o *JN* veiculou uma longa matéria sobre o problema da seca na Bahia e a quebra da produção de cacau. A reportagem concentrava-se no problema que os proprietários das fazendas estavam enfrentando e tentava, sem dúvida, ajudá-los a obter novos empréstimos do governo. Um dos integrantes do grupo da SAP que participava deste estudo, Noronha, tinha familiares na Bahia, que lhe haviam escrito não apenas para relatar os dramas de sobrevivência dos camponeses que plantavam cacau como também os abusos de muitos grandes fazendeiros que, utilizando o pretexto da seca, estavam mandando embora centenas de pessoas que ficavam sem destino e utilizando verbas governamentais que deveriam ser aplicadas na lavoura para render no mercado de valores. O relato de Noronha causou profundo impacto entre os presentes à sessão e vários deles recordaram situações similares que parentes do Nordeste já lhes haviam relatado ou mesmo que alguns deles já haviam experimentado pessoalmente e o assunto voltou à baila diversas outras vezes em que o *JN* tratou do problema da seca no Nordeste.

V.2. *Igreja*

A presença da Igreja Católica na formação ideológica dos brasileiros, em especial no Nordeste, ainda é das mais fortes. E nos últimos anos, ela vem dedicando especial atenção ao tema da comunicação de massa, nem sempre de maneira que se possa considerar das mais conseqüentes, mas de qualquer forma, com alguns resultados positivos e grandes esforços de sistematização, inclusive no nível da leitura crítica.

No caso deste estudo, não houve nenhum caso de pessoa que tivesse participado de alguma tentativa de sistematização de recepção crítica promovida pela Igreja. A exceção era o já citado caso de Ivanildo, que havia realizado um curso de comunicação, cujo enfoque principal concentrava-se no problema da produção jornalística, não da recepção televisiva.

Assim, as observações de situações de confronto entre versões do JN e da Igreja limitaram-se também a assuntos específicos e a uma questão de interpretações contraditórias de um mesmo conteúdo.

O primeiro desses casos deu-se em outubro de 1980, época em que ocorreu o processo de expulsão do País do padre Vito, religioso italiano que em 7 de setembro daquele ano recusara-se a rezar missa pela data nacional brasileira na cidade de Palmares, Pernambuco, por considerar que o País ainda não havia obtido sua efetiva independência política. O incidente causou grande comoção em toda a comunidade católica progressista no Nordeste e motivou diversas manifestações de solidariedade ao padre italiano durante missas e sermões. Tentou-se durante várias semanas, através de mobilização popular, influir na decisão governamental, mas afinal em 1.º de novembro o padre Vito Miracapillo foi afinal levado embora do País. Durante os dias em que o assunto foi notícia do JN, provocou vários debates no grupo de Lagoa Seca. Muitos dos seus integrantes tinham ligações estreitas com setores da Igreja progressista da cidade do Natal e estavam vivamente indignados com a cobertura da Globo, que lhes parecia francamente tendenciosa. Reclamavam da ausência de entrevistas com pessoas da paróquia do padre e do sempre menor tempo concedido aos que se propunham a defendê-lo, em comparação com as versões oficiais do governo. Além disso, queixavam-se de que não era dado destaque ao fato de que aquela era uma das primeiras aplicações do novo Estatuto dos Estrangeiros que, fazia apenas algumas semanas, havia provocado uma grande mobilização de determinados setores políticos, inclusive a própria Igreja, no sentido de alterá-lo. O incidente com o padre Vito ajudou muitas pessoas da comunidade de Lagoa Seca a olharem com outra perspectiva a cobertura que o JN dá pelo menos aos assuntos ligados à Igreja. Como inúmeras paróquias e organizações eclesiais produziram farto material a respeito do problema, com informações que a Globo omitia em seu noticiário e esse material foi distribuído junto à comunidade, ela teve, como raras vezes antes, a oportunidade de efetivamente comparar informações e concluir pela parcialidade com que o assunto foi tratado pelo JN.

Parecido com esse incidente foi um dos momentos agudos do processo contra os padres franceses que durante muitos meses permaneceram presos em Brasília sob ameaça de extradição. Em novembro de 1981, quando o vice-presidente Aureliano Chaves estava em exercício do poder devido à viagem de Figueiredo a Cleveland para exames, chegou a ser anunciado que o destino a ser dado aos dois sacerdotes franceses seria o mesmo do padre italiano um ano antes. O *JN*, em sua edição de 5 de novembro, deu matéria indisfarçavelmente tendenciosa, só com a versão oficial, sem ouvir nenhuma palavra da Igreja ou dos partidos de oposição, segundo a qual o presidente Chaves havia decidido expulsar os religiosos do País. Ao final daquela edição, no entanto, o *JN* corrigia-se, afirmando que a decisão do presidente Chaves havia sido a de apenas expulsar os padres após um processo jurídico normal ter decidido pela sua culpabilidade (o padre Vito havia sido deportado sem passar por qualquer forma de julgamento). Até dezembro de 1983, os religiosos ainda aguardavam, presos, a manifestação definitiva da Justiça sobre seu caso e consta que a decisão de Chaves teria sido um dos motivos pelos quais setores militares lhe oporiam resistência como sucessor de Figueiredo. Mas no Paicará, embora ali o grupo que participava deste estudo não contasse com tanta presença de pessoas ligadas à Igreja como no de Lagoa Seca, a reação à cobertura da Globo também foi intensa. Das Dores, pessoa de grande fé católica, encarregou-se de oferecer documentos e informações que havia obtido em sua paróquia que demonstravam a tendenciosidade com que o assunto havia sido tratado no *JN*. Porém, mais forte do que a versão da Igreja foi o desmentido de si próprio que o *JN* foi obrigado a fazer no final da edição. Para o grupo do Paicará, aquela era uma demostração de que a Globo *queria tanto* que os padres franceses fossem expulsos, que chegou a distorcer uma informação do próprio governo. Houve quem chegasse a sugerir que se havia tentado forçar uma ação contra o presidente Chaves, mas a maioria rejeitou tal hipótese.

    Aliás, é digno de menção o fato de que retificações durante a edição do *JN* são muito mal vistas pelo público das comunidades estudadas: elas acreditam que os profissionais da Globo são muito competentes e que não deveriam errar. Quando eles próprios reconhecem uma falha, parece que se quebra um pouco o mito da infalibilidade tecnológica: "se erraram agora e reconheceram e eu nem havia percebido, pode ser que errem todos os dias e não avisem e eu nem fico sabendo", raciocinou Aurora ao final da reunião da primeira semana de novembro, quando foi discutido o caso dos padres. Com ela, concordaram todos os presentes: o telespectador raramente é capaz de perceber um erro, pelo menos no momento da transmissão de uma notícia qualquer. E se a própria emissora não o alertar, ele pode acabar ficando mal informado. Essa conclusão levou a uma importante reflexão sobre: primeiro, o enorme poder que a TV tem e como ela pode manipular a informação; segundo, a necessidade do telespectador se manter informado através de outras fontes para poder exercer alguma vigilância sobre o que é veiculado pela TV.

V.3. Movimento sindical

O movimento sindical brasileiro, fortalecido a partir do final da década de 70 graças aos sucessos obtidos na região do ABC paulista, passou a se constituir em uma importante fonte de informação para milhares de pessoas que a ele se integram ou nas oposições sindicais ou nas direções que se identificaram com a linha que passou a ser conhecida como "Novo Sindicalismo". Mesmo algumas que não se tornaram militantes do movimento sindical passaram a receber dele literatura e informações as quais, mesmo não as convencendo por completo, serviam como contraponto para a versão dos fatos oferecidas pela TV.

Os grupos observados neste estudo contavam com algumas pessoas ligadas ao movimento sindical e houve várias oportunidades em que elas ofereceram ao resto dos participantes uma visão crítica do noticiário do *JN* que por vezes auxiliou na formação de dúvidas na cabeça de todos sobre os interesses em jogo na Rede Globo.

A primeira dessas situações ocorreu em novembro e dezembro de 1980, por ocasião da greve nacional dos professores universitários que se estendeu durante mais de 40 dias. Foi um movimento social de grande importância, por ter-se tratado da primeira paralisação nacional de uma categoria desde o golpe militar de 1964, que alcançou grande repercussão nos meios de comunicação por ter precipitado a demissão de um ministro de Estado (Eduardo Portella, da Educação e Cultura) e por colocar em xeque diretamente o próprio governo federal que era o empregador dos grevistas que determinava em sua legislação a expressa proibição de funcionários públicos realizarem greve.

Eu mesmo fui o agente transmissor de notícias diferentes das oferecidas pela Globo ao grupo de Lagoa Seca, por ser militante da Associação dos Docentes da Universidade Federal do Rio Grande do Norte e ter participado ativamente do movimento de greve. Principalmente depois de 21 de novembro, quando os professores da UFRN resolveram aderir à greve e os jornais e rádios da cidade do Natal passaram a noticiar os acontecimentos com maior destaque e uma abordagem muito parecida com a da Globo e do governo, as contradições entre as minhas versões dos fatos e as dos meios de comunicação de massa ficaram mais evidentes.

Foi uma excelente oportunidade para mostrar ao grupo como eram escolhidas as pessoas que ofereceriam seu depoimento aos meios de comunicação, como diversas entrevistas quando colocadas no ar ou impressas eram cortadas em seus pedaços mais críticos, como a maneira de escrever determinada nota podia conduzir a interpretações maliciosas, como os interesses dos governos sempre tinham precedência sobre os dos professores. No Comando Geral de Greve, em Goiânia, a ADURN tinha um representante, que diariamente mandava informações sobre o encaminhamento das negociações e como todos assistiam o *JN* e os contatos telefônicos com nosso representante eram realizados logo após a emissão do jornal, eram freqüentes as críticas e desmentidos ao que havia ido ao ar que eu tratava de anotar para depois discutir com o pessoal da Lagoa Seca. Entre as atividades de greve, eram realizados diversos debates e mesas-redondas com vários representantes da sociedade civil do Rio Grande do Norte e numa dessas ocasiões, alguns dos líderes do movimento de bairro da Lagoa Seca foram convidados. Sua presença no sagrado templo do saber, a Universidade, seu contato com os professores grevistas ajudou-os a perceber com mais correção os problemas em debate naquela confrontação. O período da greve dos professores de 1980 foi um dos mais estimulantes para o grupo de Lagoa Seca neste trabalho.

No Paicará, onde a presença do movimento sindical era mais forte do que no grupo de Lagoa Seca, as ocasiões em que ele serviu de fonte alternativa de informação para os participantes da pesquisa foram mais freqüentes. Assim, toda a discussão do chamado "pacote da previdência" em outubro de 1981 foi atentamente acompanhada pelos trabalhadores do Paicará. Como se tratava de um assunto que lhes dizia respeito material e imediatamente, suas reações ao que consideravam uma colocação inadequada do problema pelo *JN* costumavam ser bastante vigorosas.

A reclamação que aparecia com maior constância era em relação à não-presença de lideranças sindicais nas telas ou à clara preferência em termos de tempo concedido aos políticos do PDS em detrimento do das oposições. Aliás, essa questão da equanimidade do tempo oferecido aos lados em confronto numa discussão é provavelmente a que é percebida com maior facilidade pelos trabalhadores.

O movimento sindical oferecia aos trabalhadores inúmeros documentos sobre a crise do sistema previdenciário. Assim, quando o ministro Delfim Neto aparecia no *JN*, como na edição de 4 de novembro de 1981, para reclamar que a taxação dos produtos supérfluos não seria suficiente para cobrir o déficit do INAMPS e seria indispensável aumentar a contribuição dos trabalhadores, pessoas como Sérgio, doqueiro, levavam às nossas reuniões alguns desses documentos em que a história de toda a dívida do INAMPS estava relatada, inclusive com suas causas. E as pessoas concluíam com facilidade que aquele tipo de informação histórica faltava à cobertura do assunto do *JN* e que não se podia simplesmente jogar o ministro Delfim Neto no ar dizendo que havia um déficit de 200 bilhões de cruzeiros sem explicar como se chegou a ele nem quais são as outras alternativas para cobri-lo além da elevação da contribuição do previdenciário.

Quando em 13 de janeiro de 1982, as lideranças sindicais e a OAB decidiram entrar com uma ação na Justiça contra o pacote previdenciário, o *JN* limitou-se a uma nota seca de 15 segundos para anunciar a decisão, seguida de uma entrevista com o ministro Jair Soares em que ele atacou a intenção da OAB durante mais de um minuto. Na altura de janeiro de 82, já havia entre os membros do grupo do Paicará algumas pessoas que, ao assistirem o *JN* durante a semana preparavam fichas para assinalar os eventos que lhes pareciam mais significativos e até marcar a duração de algumas entrevistas e matérias para embasar suas argumentações durante os encontros. Foi notado por uma delas, por exemplo, o fato acima mencionado de que a iniciativa da OAB e diversas lideranças sindicais tinha merecido apenas 15 segundos e nenhuma entrevista, enquanto a resposta do ministro tinha recebido 60 segundos.

Através das informações e da experiência de militância no movimento sindical era comum também desmentir depoimentos do ministro do Trabalho, sr. Murilo Macedo, e denunciar a não-existência de contra-argumentos aos seus. Foi o que ocorreu no dia 8 de outubro de 1981, quando foi anunciado um pacote contra o desemprego que, evidentemente, não teve qualquer efeito prático além da oportunidade de Macedo exercitar sua demagogia em horário nobre para todo o Brasil. Os números reais do desemprego que os militantes sindicais levavam ao grupo do Paicará eram omitidos tanto pelo ministro Macedo quanto pela Globo e os participantes da pesquisa-ação concordavam que eles seriam importantíssimos para que os telespectadores chegassem a conclusões mais adequadas em relação à proposta do governo.

As situações de negociação salarial e greves de categorias específicas de trabalhadores acompanhadas pelo *JN* também permitiram às comunidades observadas boas oportunidades de confrontar as informações e abordagens da Globo com as do movimento sindical. No dia 14 de outubro de 1981, por exemplo, primeiro dia de negociações para o dissídio da categoria dos metalúrgicos de São Paulo, o *JN* deu grande destaque ao fato de a data coincidir com o aniversário do presidente do sindicato dos trabalhadores, Joaquim dos Santos Andrade, e de os empresários lhe terem oferecido uma festa, com bolo e tudo. A intenção do *JN* era provavelmente mostrar um clima ameno entre patrões e empregados e dar uma imagem simpática tanto dos empresários como de "Joaquinzão". A interpretação que os trabalhadores do Paicará deram à matéria, no entanto, foi a oposta. A impressão foi a de que Joaquinzão demonstrava mais uma vez suas posições "pelegas", o que foi compartilhado inclusive por alguns trabalhadores, como o estivador Renato, que não nutriam simpatia nem pelo "Novo Sindicalismo" nem pelo PT de Lula, que são os principais opositores de Joaquim. Renato, inclusive, deu à matéria uma outra tradução: teria sido colocada no ar com o objetivo de desmoralizar o líder do sindicato dos metalúrgicos de São Paulo junto à categoria e prejudicar a posição dos empregados nas negociações. Essa matéria, portanto, permitiu pelo menos três leituras distintas, confirmando que o sentido das mensagens dos meios de comunicação de massa só é definido na recepção, dependendo de cada contexto social e político.

No Dia do Professor, 15 de Outubro de 1981, a Associação dos Professores do Ensino Oficial do Estado de São Paulo, APEOESP, promoveu um ato público de protesto na Capital, para denunciar as más condições de ensino e reivindicar melhores salários. O ato constou de atividades culturais e discursos. O *JN* daquele dia registrou o evento, mas noticiou apenas a ciranda que a entidade programou como parte do ato público. Da maneira como a matéria foi editada, deu a impressão de tratar-se de uma comemoração, ao invés de um protesto. Paula, estudante de 2.º Grau, cuja amizade com uma de suas professoras, militante da APEOESP, lhe dava acesso a muitos dos documentos e literatura da Associação, levou ao grupo do Paicará a informação de que havia ocorrido no registro que o *JN* havia dado ao assunto uma clara distorção. O incidente permitiu que se abrisse uma boa discussão sobre como a revelação de apenas parte da verdade de um acontecimento jornalístico embora não se constitua — objetivamente — em uma mentira pode acabar tendo os mesmos efeitos de uma inversão de números ou dados estatísticos. De fato, o *JN* (talvez até sem intenção, por motivos de limitação de tempo e para escolher as melhores imagens) mentiu quando deixou de noticiar que o que ocorrera fora um ato de protesto, não de júbilo.

No final de outubro de 1981, a greve dos transportadores de gasolina em São Paulo deu outra prova de que os trabalhadores em situações de conflito com seus patrões são relegados à condição de "bandidos" no *JN*, aos quais não se dá nem o direito de expor pessoalmente seus pontos de vista e reivindicações. As argumentações dos trabalhadores costumam ser rapidamente resumidas pelos repórteres ou locutores e, em seguida, dá-se todo o espaço para que autoridades do governo e representantes patronais manifestem suas opiniões e posições. Uma tática freqüente e bem-sucedida é alardear os prejuízos que a paralisação acarreta à sociedade como um todo, responsabilizando exclusivamente os grevistas por eles. Foi o que ocorreu no caso dos transportadores de gasolina: o *JN* mostrou quanto o País perdia com o movimento, mas não dava destaque ao fato de que a instransigência patronal era um dos motivos causadores da greve que resultava nos prejuízos. A maneira de se colocar o problema acaba colhendo resultados até em grupos onde a consciência crítica já não é mais incipiente. Foi o que ocorreu no Paicará. Houve discussão acirrada na sessão daquela semana, pois pessoas mais distantes do movimento sindical, principalmente os mais velhos, basicamente concordaram com a maneira como o JN havia colocado o problema e admitiam que trabalhadores que prestam serviços essenciais à coletividade, como os tanqueiros, os médicos e outros, não deveriam entrar em greve, que é exatamente a racionália que justifica toda a legislação antigreve do regime militar. A consagração do delegado Romeu Tuma, que foi o intermediário nessa greve, foi absoluta. O JN atingiu o seu objetivo por completo, construindo a imagem de Tuma como o responsável pela paz social. Aliás, esse personagem é um dos mais bem montados pela Rede Globo nos últimos tempos. Cada dia mais ele é visto pela audiência, inclusive por setores que se opõem com vigor a tudo que ele representa, como uma pessoa sensata, cordata, confiável, merecedora de crédito e respeito. Essa imagem foi muito consolidada durante os diversos movimentos grevistas em que ele interveio, inclusive esse dos tanqueiros. No próprio grupo do Paicará, até entre os petistas, houve quem lembrasse o papel simpático que Tuma representara meses antes quando, na condição de carcereiro de Lula, lhe permitiu comparecer ao enterro da mãe acompanhado de agentes, embora estivesse preso. E essas pessoas citavam o episódio com indisfarçável bonomia em relação ao cavalheirismo do delegado Tuma.

V.4. Partidos políticos

Alguns dos novos partidos políticos criados a partir do final da década de 70, em especial o PMDB e o PT, conseguiram ao longo de seus primeiros anos de existência, gerar algum interesse entre os cidadãos brasileiros, especialmente entre os jovens, e mobilizá-los.

Tanto no grupo de Lagoa Seca como no do Paicará, havia alguns militantes tanto do PMDB quanto do PT. Na Lagoa Seca, à época do período de observação, a maioria desses militantes estava no PT, embora no final desse período, quase todos eles se transferissem para o PMDB. No Paicará, a maioria também pertencia ao PT, embora o grupo de militantes partidários fosse, no conjunto, minoritário e, inclusive, visto com alguma suspeita pela direção da SAP. Na verdade, eram apenas três pessoas do PT e uma do PMDB no Paicará, enquanto os outros podiam ter suas simpatias mas não eram militantes.

A ação dos partidos políticos como formadores de opinião só pôde ser melhor observada neste estudo no período imediatamente anterior às eleições de novembro de 1982. Na primeira parte deste trabalho, os novos partidos estavam apenas começando a constituir-se e obtinham seus registros. Mas a primeira oportunidade em que foi possível constatar sua influência para contrapor-se ao que a TV diz foi no dia 2 de dezembro de 1980, quando o PT obteve seu registro do Tribunal Superior Eleitoral e, apesar de ter custado tanto esforço por parte dos militantes de Lagoa Seca, como do Brasil todo, o fato mereceu um registro curtíssimo e seco do *JN*, o que frustrou a muitos.

Aliás, a observação dos militantes do PT em relação à TV é muito curiosa e chega a ser hilariante em algumas ocasiões. Muitos deles devotam à TV e à Globo em particular o mais solene desprezo verbal. Mas a proximidade de uma câmara com o símbolo da Vênus Platinada é capaz de provocar comichões tão grandes nos mais empedernidos revolucionários que poucos resistem à tentação de tentar se situar nas imediações das pessoas entrevistadas. E embora quase todos garantam que o PT não precisa da TV da burguesia para crescer e sejam até contrários à presença de suas lideranças em programas de entrevistas, poucos não se postam ansiosos frente aos vídeos nos dias em que pode aparecer alguém do Partido e não deixam de frustrar-se quando se dão conta de que o que vai ao ar é muito menos do que é gravado no momento da reportagem.

Apesar disso, os militantes de partidos políticos apresentaram contribuições importantes para o debate durante o tempo em que este estudo foi realizado e contribuíram para a elevação do senso crítico dos dois grupos observados. Jorge, por exemplo, militante do PT de Guarujá, foi quem levantou no final de 1981 a importante questão das relações entre TV e Estado, em função do abusivo número de vezes que o presidente Figueiredo e o governador Maluf ocuparam redes nacional ou estadual de rádio e TV para transmitirem supostos esclarecimentos públicos, mas que, de fato, nada mais eram do que propaganda eleitoral. Figueiredo e Maluf, ao prestarem contas de viagens ou esclarecimentos sobre projetos governamentais, requisitavam tempo das emissoras para realizar ataques às oposições que, por sua vez, não tinham como responder na mesma proporção e impacto. Jorge, que havia acabado de participar, na condição de delegado do diretório do PT em seu município da convenção estadual do Partido, onde acabou sendo integrante de uma comissão que havia discutido a questão cultural, levou ao grupo do Paicará muitas das idéias debatidas na convenção partidária sobre o caráter da exploração comercial dos canais de rádio e TV, o tipo de controle que o governo pode exercer sobre eles, a falta de oportunidades para os diversos segmentos da comunidade terem acesso aos meios de comunicação. E aproveitou o gancho da presença ostensiva de Maluf e Figueiredo nos vídeos de São Paulo para encaminhar a discussão que acabou oferecendo subsídios vitais para que as pessoas possam de fato perceber corretamente o que é a TV no Brasil hoje.

Evidentemente, os militantes do PT e PMDB reclamavam com freqüência nas reuniões a respeito da questão da injustiça na distribuição do tempo nas reportagens. Queixavam-se de que os líderes de seus partidos eram menos ouvidos do que os do PDS. O militante do PMDB, Sérgio, por exemplo, levou ao grupo a flagrante injustiça da matéria que noticiou a decisão do deputado Magalhães Pinto de não ir para o PMDB, em dezembro de 1981. Justificando sua decisão, Pinto falou durante mais de um minuto, com argumentos como o de que ele não é um radical e que não iria para um partido dominado pela esquerda. Nenhum dirigente do PMDB foi ouvido. Da mesma forma, Sérgio julgou que seu partido foi muito prejudicado pela maneira como a Globo acompanhou, em outubro de 1981, o tumultuado processo de tentativa do ex-presidente Jânio Quadros nele ingressar. Este incidente, aliás, foi longamente debatido numa das primeiras sessões de trabalho desta pesquisa no Paicará e a maioria das pessoas não aceitou as reclamações do militante do PMDB, dando à Globo um crédito de confiança. Possivelmente se o mesmo episódio tivesse ocorrido ao final do período de sessões de trabalho, talvez a avaliação das pessoas tivesse sido diferente.

Os militantes do PT, por sua vez, chamaram a atenção do grupo para a cobertura que o *JN* deu ao regresso do governador Maluf da viagem ao Japão, no início de dezembro de 1981 em comparação com a que mereceu a volta de Lula de sua viagem aos Estados Unidos uma semana depois. Mesmo levando-se em consideração que Maluf era governador do Estado, a diferença foi tão aberrante que não se podia deixar de concluir que a Globo se utilizara de dois pesos e duas medidas.

V.5. *Outros meios de comunicação de massa*

Como já foi ressaltado antes neste trabalho, em geral as pessoas das comunidades de Lagoa Seca e Paicará não consomem outros meios de comunicação de massa para informar-se, já que as emissoras de rádio não têm bons departamentos de radiojornalismo e os jornais custam caro. Mesmo assim, algumas pessoas consomem jornais e são elas que estão entre as mais críticas em relação à TV.

Em geral, as pessoas que lêem jornais e conseguem comparar a cobertura dos acontecimentos feita por cada um dos veículos, acaba também ficando apenas na comparação de conteúdos, da mesma forma como os que se informam junto a instituições como a Igreja ou os Sindicatos. Raramente os jornais ajudam seus leitores a desvendar os truques ideológicos da TV. Dão sua versão dos fatos e quem quiser que tire suas conclusões.

Ainda há mais: não são muitos os grandes jornais brasileiros que têm posições políticas marcantemente diferentes das da Globo. Em conseqüência, muitas vezes o tipo de enfoque que um assunto recebe da Globo acaba sendo bastante similar ao que recebe da maior parte dos jornais. Os órgãos da imprensa alternativa, por seu lado, dedicam pouco ou nenhum espaço à TV, que eles em geral preferem ignorar por ser "instrumento ideológico da burguesia". Além do mais, se os grandes jornais não têm muitos leitores nas comunidades de trabalhadores, os pequenos quase sempre os têm menos ainda.

Mas houve uma exceção interessante. Durante alguns meses, o jornal da imprensa partidária *Hora do Povo* dedicou matérias interpretativas de programas de TV, inclusive a novela *Brilhante*, que estava sob análise neste estudo. O *HP* vendia relativamente bem naquele tempo, inclusive no Paicará, e algumas pessoas do grupo levaram exemplares dele para as sessões de trabalho. A contribuição foi das melhores. A linguagem com que a crítica de TV era feita no *HP* era simples e inteligível para qualquer pessoa. Não havia nenhuma posição preconceituosa em relação à novela. Ao contrário: as situações e o enredo eram levados a sério e se fazia uma análise em que se resgatava a trama amorosa para se explorar alguns dos filões ideológicos sobre os quais se assentava: os ricos bonzinhos que se encantavam com os pobres e os ajudavam, a esperança das moças de classe média baixa de alcançarem a felicidade através de um casamento com marido rico, a ausência de relações de classe no enredo e assim por diante. As matérias do *HP* enriqueceram o debate e foi uma lástima que a experiência só durasse uns poucos números do jornal e nunca se tenha estendido ao telejornalismo.

Outra exceção do quadro geral oferecido há pouco foi a coluna de Tarso de Castro sobre TV que ocupava um espaço da Folha Ilustrada da *Folha de S. Paulo* durante uma parte do ano de 1980. Embora a penetração da *FSP* na comunidade de Lagoa Seca em Natal fosse nula, eu levei em algumas ocasiões recortes da coluna de Tarso para debater com o grupo, quando ele se referia ao *JN* ou à novela *Coração Alado*. Numa dessas ocasiões, a coluna de Tarso rendeu um interessante debate. Em outubro de 1980, Tarso de Castro denunciou que o *JN* havia ignorado por completo o escândalo do DC 10 (um vôo regular Nova Iorque-Rio que foi desviado, com todos os passageiros a bordo, para que o ministro Ernane Galvêas pudesse desembarcar antes em Brasília), mas em compensação gastou muito espaço durante três dias para divulgar uma briga sem nenhuma importância entre alguns deputados na Câmara dos Deputados. A comparação demonstrava o evidente objetivo de ridicularizar o Poder Legislativo e poupar a imagem do Poder Executivo junto ao grande público do *JN*. Objetivo que, por sinal, cumpriu-se integralmente na cidade do Natal, como se pôde inferir pelas reações do próprio grupo de Lagoa Seca, pois, antes do artigo de Tarso, ninguém havia tomado conhecimento do "seqüestro" do DC 10 e todos haviam se divertido e depreciado os deputados como categoria, em função do bizarro espetáculo de pugilato no plenário.

Já no Paicará, o índice de leitura de jornais é um pouco superior do que em Lagoa Seca e as comparações já são mais freqüentes. "Seu" Orlando, por exemplo, reparou que, durante todo o processo de mudança da lei eleitoral no final de 1981, a *Folha de S. Paulo* chamava a proposta do governo de "pacote eleitoral", enquanto a Globo identificava as matérias do *JN* que tratavam do tema com a expressão "reforma eleitoral". E é claro que "pacote" e "reforma" são expressões que têm amarradas em si cargas semânticas muito diferenciadas. A observação, inclusive, permitiu que se explorasse um pouco os caminhos da questão da vinculação de significados que acabam sendo assumidos por todos para alguns termos, mas que não são necessariamente aqueles que traduzem melhor seu sentido. Foram dados exemplos como o de que se chama os soldados da OLP de terroristas ou guerrilheiros, embora eles sejam efetivos de um exército regular e que há uma diferença entre chamá-los de guerrilheiros ou soldados, por causa da carga semântica de cada um dos termos.

No dia 9 de dezembro de 1981, o *JN* levou ao ar uma reportagem sobre a transferência de colonos do acampamento de Ronda Alta para o Mato Grosso. O *JN* mostrou agricultores felizes embarcando e dizendo-se muito satisfeitos com a mudança. Esses camponeses derramavam-se em elogios ao INCRA. Uma ligeira menção apenas foi feita ao lado de que 295 famílias de posseiros de Ronda Alta haviam-se recusado a seguir e nenhuma referência à passeata que essas famílias tentaram realizar para protestar contra a decisão do INCRA. Só quem leu a *Folha de S. Paulo* do dia seguinte é que ficou sabendo que nem todos os colonos de Ronda Alta amavam o INCRA. Noronha levou o recorte da *FSP* ao grupo na sessão de trabalho seguinte e a revelação causou impacto porque a matéria sobre Ronda Alta, como qualquer outra que trate do problema da posse da terra, encontrou grande receptividade junto à comunidade do Paicará, região em que esse é um assunto bastante candente.

No dia 10 de dezembro de 1981, o *JN* deu uma ampla reportagem (quase 5 minutos) sobre a pretensa descoberta de gás pela Paulipetro no Oeste de São Paulo. Toda a reportagem limita-se a repetir, sem questionamento, as fontes oficiais de informação e passou a impressão de que, afinal, a empresa petrolífera do governador Maluf havia tido êxito. Mas "seu" Orlando, atento leitor de *O Estado de S. Paulo*, haveria de ler no dia seguinte outra matéria em que a descoberta é questionada e a opinião de técnicos e geólogos que não pertencem à Paulipetro era oferecida ao leitor para comparação com as fontes oficiais. Nesse caso, o impacto do recorte de jornal não foi dos maiores porque a imagem do governador Maluf já estava tão deteriorada naquele grupo que ninguém levara muito a sério a matéria do *JN*. Mas o episódio permitiu a abertura de interessantes discussões sobre como o processo de escolha de fontes de informação condiciona o resultado de uma matéria jornalística e como as chefias podem exercer o controle do resultado final da reportagem apenas pelo condicionamento de que pessoas devem ser entrevistadas pelo repórter.

Também no dia 19 de fevereiro de 1982, a *Folha de S. Paulo* foi o veículo que ofereceu informação que contrastou com a do *JN*, que naquela data colocou no ar o ministro Delfim Neto contestando o anúncio que a Fundação Getúlio Vargas havia feito de que o Produto Interno Bruto tinha decaído em 3,6%. Nenhuma referência às denúncias de manipulação dos índices do PIB que a Folha havia feito. O *JN* ignorou-as por completo. Da mesma forma como, ao longo dos anos que durou este estudo, jamais fez qualquer referência às dezenas de promessas que, mês a mês e ano a ano, o ministro Delfim Neto fez de que a inflação iria cair, a recessão iria acabar, a produção iria aumentar, o Brasil não precisaria recorrer ao FMI. Até dezembro de 1983, quando o ministro volta a prometer, agora para 1984, que a crise econômica que assola o Brasil desde 1979 vai ceder, o *JN* não se dá ao trabalho de recordar qualquer das oportunidades em que, no passado recente, o ministro garantiu a mesma coisa no próprio *JN*. Quem quiser ter esse tipo de memória, deve recorrer a outro veículo.

V.6. *Movimento feminista*

Entre os movimentos sociais mais ativos no Brasil do final dos anos 70 e início dos 80, está o feminista. Em diversos bairros operários e favelas, grupos de mulheres têm dado importante contribuição para a organização dos trabalhadores em diversos sentidos. Tanto em Lagoa Seca quanto no Paicará, havia pessoas ligadas ao movimento feminista nos grupos observados neste trabalho. Mas em Lagoa Seca, eram menos e menos assíduas que no caso do Paicará, em que Elza representava os interesses do feminismo.

Dela, partiram inúmeras observações, certamente colhidas em reuniões ou através de alguma literatura publicada pelo movimento feminista, sobre o conteúdo da TV, que marcaram bastante algumas das reuniões, levantando sobretudo o tema dos estereótipos de papéis sociais, principalmente na ficção e na publicidade.

Assim, por exemplo, Elza denunciou o anúncio do leite "Longa Vida", em que aparece uma mulher dando informações bastante precisas e complexas a respeito das qualidades da embalagem do produto e, ao final, questionada sobre como ela tinha todo esse conhecimento científico, ela responde com ar estúpido: "Meu marido me ensinou."

Essa e outras denúncias quanto ao caráter sexista da publicidade eram recebidas com alguma ironia ou pouco caso pela maioria dos homens e raramente conseguiram promover alguma discussão mais substanciosa numa evidente demonstração de que o machismo é um padrão cultural nas classes trabalhadoras brasileiras que demorará algum tempo para ser superado. A indiferença com que as denúncias eram recebidas demonstrava que o estereótipo do papel da mulher apresentado pelos anúncios: dona-de-casa, responsável pela limpeza da casa e alimentação da família, um pouco limitada intelectualmente, corresponde ao tipo ideal que a maioria dos homens faz das pessoas de sexo feminino, ao menos nas comunidades estudadas. Isso não significa que eles, necessariamente, desprezem ou não respeitem as mulheres ou que não queiram contar com sua participação em "negócios masculinos". Pelo contrário: por exemplo, nunca foi sentida nenhuma discriminação contra a presença feminina nos grupos do jornal e da análise da TV desta pesquisa. Mas é que se as mulheres podem fazer esse tipo de coisa, na cabeça dos homens, elas não se desobrigam de continuar tendo o seu papel de mulher. Além disso, para muitos deles, não há problema de que outras mulheres assumam a condição feminista, desde que a sua não o faça.

Outro tipo de assunto em que o movimento feminista trazia uma interpretação alternativa ao conteúdo da TV, no entanto, tinha melhor receptividade por parte do grupo do Paicará. Os chamados "crimes de amor" foram quase unanimemente condenados pelos grupos observados, embora um ou outro homem afirmasse entender, mas não justificar, o procedimento de pessoas como Doca Street, cuja libertação, apesar de condenado, em novembro de 1981, foi noticiada pelo *JN* com um enfoque considerado por Elza como simpático ao réu, com o que concordou a maior parte do grupo.

V.7. *Quando outras fontes não interferem*

A importância das outras fontes de informação no processo de formação e desenvolvimento da consciência crítica em relação à televisão aparece com clareza ainda maior quando se analisa a reação dos participantes dos grupos de Lagoa Seca e Paicará às matérias do *JN* que tratam dos assuntos a respeito dos quais eles não contam com opiniões e dados vindos de outras instituições a não ser a própria TV.

São, em especial, as matérias internacionais. Se houvesse coerência ideológica dos membros desses grupos que revelavam indignação diante da maneira como o *JN* enfocava assuntos a respeito dos quais eles tinham a opinião da Igreja ou do Partido, deveriam também reagir a muitas matérias internacionais em que a tendenciosidade do *JN* também se revela pelos mesmos mecanismos que os trabalhadores observadores descobriram em relação aos temas nacionais.

Mas, possivelmente por ausência de fontes adicionais de informação, o senso crítico não é despertado. As páginas internacionais dos jornais brasileiros não se diferenciam muito da linha editorial que o *JN* sustenta. E a falta de interesse direto pelos assunto faz com que o índice de leitura dos trabalhadores dessas páginas seja bem mais baixo do que o verificado em outras páginas.

Da mesma forma, as instituições sociais que tratam dos assuntos nacionais não lidam com tanta ênfase dos internacionais, pelo menos não de tantos assuntos quanto os abordados pelo *JN*.

Para os assuntos mais importantes, nos quais o Brasil tem algum tipo de interesse envolvido, ainda é possível conseguir algum posicionamento diferenciado dos partidos políticos, dos sindicatos ou de algum jornal. Assim, por exemplo, em outubro de 1981, "seu" Orlando destacava a conferência de Cancún como um dos assuntos principais da semana anterior entre todos os mostrados pelo *JN* e arriscava algumas críticas ao enfoque que ele considerava pró-americano das reportagens mostradas no vídeo, já que, para ele, os Estados Unidos não têm o menor interesse de ajudar os países pobres.

Mas, exceto nessas situações, de um modo geral a ideologia passada pelo *JN* em relação aos assuntos internacionais é aceita sem grande questionamento. Em 12 de novembro, noticiam-se 33 execuções no Irã como se fosse mais uma obra do fanatismo religioso dos xiitas e não se discute muito esse tipo de apresentação do problema no Paicará, da mesma forma como um ano antes, em Lagoa Seca, poucos questionaram a versão antiiraniana que era oferecida pelo *JN* do caso dos reféns americanos.

A exaltação de Anuar Sadat como "herói da paz" após seu assassinato em 6 de outubro de 1981 também não foi questionada pelo grupo do Paicará, apesar das posições políticas de considerável parcela dele apontarem, no que se refere aos problemas brasileiros, para algum ponto da esquerda, que, como se sabe, não teve em Sadat um ídolo. A morte de Sadat, assim como a maioria das notícias internacionais foi apreciada mais pelo caráter espetaculoso das imagens apresentadas, não pelo seu conteúdo em si ou pela maneira como o assunto é tratado pelo jornal.

Isso apenas vem confirmar a hipótese de que o senso crítico em relação à TV é incentivado quando fontes de informação que não a própria TV entram em ação junto ao telespectador para apresentar-lhe uma interpretação diferente dos assuntos apresentados na tela.

VI. Senso crítico proveniente do conhecimento pessoal

VI.1. *Jornalismo*

A segunda hipótese que este trabalho levanta é de que o conhecimento pessoal dos assuntos tratados no vídeo faz com que o trabalhador apresente um senso crítico mais elaborado em relação à TV especificamente no que se refere àquele assunto, mas que se estende ao conjunto da instituição.

Como já foi demonstrado, os problemas reais dos trabalhadores brasileiros, a respeito dos quais, evidentemente, eles têm maior conhecimento, não são incluídos de forma prioritária na pauta de nossos telejornais e na programação da TV como um todo. Mesmo assim, na ficção, em especial nas telenovelas, problemas concretos de pessoas reais, ainda que de forma estereotipada e distorcida, são representados e induzem à reflexão dos próprios trabalhadores. Ao contrário, e paradoxalmente, no telejornalismo eles estão ausentes. Assim, chega-se ao absurdo de se ter mais realismo na ficção do que no Jornalismo, que se transforma na terra da fantasia, o que talvez explique porque as pessoas não queiram mais realismo nas telenovelas embora queixem-se de que faltam questões mais próximas de si no *JN*: é que a ficção é encarada mais como o espaço do lazer, do sonho, da imaginação. E, de uma forma ou de outra, tem sido nas telenovelas que as pessoas têm encontrado mais a sua própria realidade espelhada, ainda que deformada.

Apesar dessa tendência, é claro que não se consegue fazer telejornalismo sem, pelo menos de vez em quando, tocar nos assuntos que interessam de fato às pessoas.

E quando eles surgem, a consciência crítica desponta de forma imperativa. A reação de um telespectador que se sente enganado por uma reportagem a respeito de um assunto que ele conhece muito bem é mais definitiva do que o que se defronta com opiniões divergentes de duas instituições que ele respeita. O motivo principal para a pauta baseada em frivolidades, trivialidades e "fantásticos" do telejornalismo brasileiro talvez seja decorrente muito mais da certeza de que seria impossível iludir o telespectador de que a verdade é diferente daquela que ele conhece na vida real do que em função do objetivo de esconder os assuntos das pessoas.

Não foram muitas, no entanto, as oportunidades em que esta pesquisa pôde constatar o que sugere como hipótese. Em especial na Lagoa Seca, pois se os trabalhadores já são o segmento ignorado do Brasil nos telejornais quando moram no Sudeste, quando moram no Nordeste então, é como se não existissem. Com toda a segurança, no período analisado houve um tempo muito maior do *JN* dedicado aos problemas dos Estados Unidos, da Polônia, da Inglaterra e de outros países do que aos do trabalhador do Nordeste.

Mas há sempre o dia em que o presidente da República vai ao sertão lamentar a seca e prometer que um dia as coisas vão melhorar. Acontece mais ou menos uma vez por ano. E, então, é impossível continuar escondendo dos brasileiros que o Nordeste existe. E que é miserável.

Foi isso o que aconteceu em 14 de novembro de 1980. O presidente Figueiredo foi a Caicó. Em dois anos e dois meses de residência no Rio Grande do Norte, aquela era a segunda vez que eu via o Estado aparecer no *JN*. A outra fora quando o ministro Mário Andreazza inaugurara um conjunto de residências populares financiadas pelo BNH em abril de 1980.

Figueiredo foi a Caicó, disse que não tinha recursos para dar ao Nordeste, mas que o projeto de emergência do Ministério do Interior dava resultados positivos e continuaria. Foi a Campo Verde e visitou um sítio cujo proprietário ganhou do presidente o indulto de sua dívida. Foi a Patos no dia seguinte e, bem-humorado, declarou que "não tenho dinheiro nem para pagar o que devo". Emotivo, disse frente às câmaras: "Só encontrei palavras de agradecimento e estímulo. Volto daqui certo de que o rumo que o Governo tomou é o indicado. É preciso conviver com a seca no Nordeste."

A emoção de Figueiredo pode iludir as pessoas do Sudeste. Afinal, são elas que interessam mesmo. Mas no Nordeste, o PDS pode até continuar ganhando eleições porque as injunções são fortes demais (quem não é PDS e não garante um determinado número de votos ao candidato do partido fica sem receber o caminhão-pipa de água e morre de sede, ou deixa de receber financiamentos e morre de fome — e aqui não há nenhuma força de expressão), mas pouca gente se deixa enganar.

A reação das matérias do *JN* no grupo de Lagoa Seca foi de absoluta indignação. A maioria das pessoas ali veio do interior e

115

ainda tem parentes na zona de seca. Elas viveram na carne o drama da seca por toda sua existência e só eles são capazes de avaliar corretamente o que significa ouvir do presidente da República a expressão de nenhuma esperança na frase: é preciso conviver com a seca. Como se eles tivessem vivido sem ela em qualquer momento.

Ninguém conseguirá convencer um nordestino que não usufrui da "indústria da seca" de que não há recursos para aplicar na região. Todos sabem que há. Os que se locupletam, calam ou aplaudem os poderosos. Os que não se locupletam e podem, gritam e tentam organizar as pessoas para resistir. Os que sofrem os piores efeitos da tragédia, tentam sobreviver, nem que seja votando no PDS em troca de água. Mas poucos, muito poucos, vão se deixar iludir por cenas de emotividade, palavras bonitas ou promessas luminosas.

Ivanildo comenta o *JN*: "Claro que tem dinheiro. E claro que tem como resolver o problema da seca. Se Israel conseguiu plantar no deserto, como é que aqui não tem solução?" Edivan sugere: "Não interessa a ninguém resolver o problema da seca. Por que a Globo não mostra pra todo mundo como é que Israel fez o que fez?" Afonso dá sua opinião: "Se teve dinheiro pra comprar usina nuclear da Alemanha, por que não tem para comprar os métodos de irrigação de Israel?"

Lagoa Seca conhece bem a seca, tanto que a tem até no nome. *Jornal Nacional* nem Figueiredo nenhum conseguem enganá-la ao menos sobre esse assunto. Mas o que ocorre é que, mais uma vez, falta a sistematização. A revolta dirige-se mais contra a fonte e o fato do que contra o veículo que, no fundo, não tem responsabilidade mesmo, a não ser por não mostrar o outro lado dos acontecimentos.

A indignação viva acaba se concentrando especificamente na cobertura de assuntos relacionados à seca, tão raras (pelo menos naquele ano de 1980) que não chegam a se constituir em hábito. Uma explosão de ira e depois só daqui a um ou dois anos. Nesse meio tempo, como continuar informado a respeito do mundo, a não ser através do *JN*?

Mas houve outras situações em Lagoa Seca em que as pessoas que faziam parte do grupo sob observação depararam-se com notícias a respeito das quais elas tinham algum tipo de conhecimento pessoal. Por exemplo, em setembro de 1980, poucas semanas após ter estado em Natal realizando um comício em favor de seu partido, o metalúrgico Luiz Inácio da Silva foi indiciado na Lei de Segurança Nacional em virtude de um discurso que havia proferido no Estado do Acre no início do ano. Lula havia estado em Lagoa Seca, onde funcionava a sede do PT no Rio Grande do Norte e conversara com alguns dos elementos do grupo do jornal que trabalhavam pela formação do Partido no Estado. A notícia do *JN* do processo contra ele repercutiu de forma intensa entre as pessoas que o haviam conhecido pessoalmente. E elas mostraram sua surpresa pelo fato de o *JN* não ter dado a Lula o direito de mostrar sua argumentação em relação ao processo. Limitaram-se a dar a nota, "como se ele já tivesse sido condenado", como observou Mira. E, de fato, a maioria das pessoas realmente reagiu como se o julgamento já tivesse sido realizado e a sentença condenatória proferida.

Em 1.º de novembro de 1980, o deputado Carlos Alberto, da ala mais radical do MDB do Rio Grande do Norte, radialista de grande penetração popular que graças a seu prestígio como apresentador de um programa de variedades na Rádio Poti ingressou na carreira política sendo eleito deputado estadual e deputado federal, abandonou o maior partido de oposição e ingressou no PDS. O *JN* registrou a adesão de Carlos Alberto como se tivesse sido resultado de entendimentos políticos de alto nível. As pessoas da cidade do Natal e de Lagoa Seca especificamente sabiam que o nível não tinha sido tão alto assim: Carlos Alberto trocou de partido recebendo 100 cadeiras de roda, alguns cargos no INAMPS e a promessa da vaga para a candidatura ao Senado em 1982 (que realmente ganhou: hoje é o mais jovem Senador da República).

Outro político que os trabalhadores de Lagoa Seca conheciam bem era o deputado federal Djalma Marinho. Portanto, quando ele lançou sua candidatura independente à Presidência da Câmara dos Deputados, o *JN* interpretou como sinal de rebeldia contra o Palácio do Planalto e que havia ameaças de fechamento do sistema, poucos no grupo do jornal de Lagoa Seca acreditaram. Sabiam que Marinho não era homem de grandes riscos. Era mais de ameaçar e levar algo em troca. A possível crise que o *JN* ficou prevendo por todos os meses de novembro e dezembro por causa da candidatura de Marinho jamais acabou ocorrendo. O grupo de Lagoa Seca já sabia disso e estava certo.

No Paicará, talvez pela sua proximidade do poder econômico nacional, foi possível observar mais situações em que o conhecimento pessoal influiu na avaliação das notícias veiculadas pelo *JN*.

A primeira delas foi em relação à lei de usucapião que o governo propôs em outubro. Nem um pronunciamento à Nação do presidente Figueiredo foi capaz de convencer os moradores do bairro de que eles poderiam vir a ser beneficiados por ela. E eles não gostaram da maneira como a notícia foi veiculada, apenas com a palavra do presidente do PDS, senador José Sarney e sem ouvir cidadãos que estivessem interessados no texto da legislação.

Alguns meses antes, eles já tinham tido uma enorme decepção, quando o governador Maluf havia descido a Serra do Mar para, supostamente, entregar aos possuidores do Paicará títulos de propriedade da terra que legalizariam uma situação de (em alguns casos) quase vinte anos. Mas o que acabou ocorrendo foi apenas mais um dos atos de relações-públicas do governador. E o pior é que, como será relatado no próximo capítulo, o *JN* veio dar cobertura e nunca saiu tão machucado em seu prestígio nessa região do que então.

Outra oportunidade em que o conhecimento pessoal derrubou qualquer ideologia do *JN* foi quando na última semana de dezembro, uma série de reportagens de Hermano Henning procurou mostrar os nordestinos em São Paulo, "essa gente que está construindo São Paulo", como demagogicamente ele os chamou.

Para mostrar a importância dos nordestinos em São Paulo, Henning entrevistou o chefe da cozinha do restaurante do Terraço Itália e o pintor Aldemir Martins, que declararia: "Os nordestinos transformaram São Paulo numa cidade feliz." Para infelicidade de Martins, Henning e da Globo, a matéria seguinte a essa foi sobre uma rebelião de presos em São Paulo, com tiroteios, feridos e mortes. O nordestino Luiz Sérgio, no Paicará, fez a pergunta que não deve ter ocorrido a poucos: "Quantos nordestinos felizes não estão nesse presídio? Por que o repórter não foi conversar com eles também?"

Aliás, a primeira percepção da fragmentação mosaicada e sem sentido aparente da realidade que é operada pelo *JN* é feita em função de seqüências de matérias contraditórias como essa. Os telespectadores percebem que à tragédia segue-se a alegria. É particularmente doloroso quando acontece, como em fevereiro de 1982, o registro de cenas que levam muitos às lágrimas, como as do sepultamento de Elis Regina, sendo seguidas de imediato por dançarinas alegres e saltitantes a vender de cartão de crédito a *shampoo*. Das Dores reagiu com revolta: "É como se sapateassem no túmulo da coitada."

Os programas especiais do governo do Estado de São Paulo, com vinte minutos de duração, exibidos todos os sábados logo após o *JN*, eram outro tipo de programação que a experiência pessoal dos trabalhadores do Paicará derrubava com grande facilidade. Maluf distribuindo alimentos, o povo elogiando o governador, um Centro de Triagem dos Migrantes limpinho, confortável, com cara de hotel, unidades da FEBEM cintilantes, com funcionários carinhosos: todas essas eram imagens que não podiam convencer quem já tinha passado pela FEBEM ou pelo Centro de Triagem, quem já havia sido iludido pelas promessas do governador, quem ainda possuía parentes e amigos em situação de extrema penúria material e que sabiam que eles não conseguiriam nenhum apoio do governo.

Matérias em que as greves na Polônia eram tratadas de forma substancialmente diferentes das greves brasileiras também se chocavam com o conhecimento pessoal dos trabalhadores do Paicará que estranhavam: "Por que o Walesa é herói e o Lula é bandido para o pessoal da Globo?" Provavelmente eles chegariam às suas respostas de qualquer maneira, mas através da discussão em grupo específico para debater a ideologia da televisão ficou mais fácil a apreensão dos interesses políticos em jogo lá e aqui. Tanto, que soou ridícula a reportagem em que, no final de 1981, tentava-se demonstrar que o nível de vida na Polônia estava em franco declínio e mostrava-se o repórter diante de um enorme operário loiro que enfrentava uma mesa farta e se queixava de que seu consumo semanal de carne havia caído. Para os operários brasileiros como Renato, que não têm carne à mesa na maioria absoluta das semanas do ano, a reportagem chegou a parecer humor negro. E Lizete levantou uma dúvida: "Por que eles só entram com câmaras nas casas dos operários da Polônia? Por que não entram nas nossas casas também? Quisera que minha mesa fosse que nem a daquele loirão lá."

VI.2. *Publicidade*

A publicidade é outra área em que o conhecimento pessoal é decisivo para o desvelamento da ideologia. O consumidor que comprou e constatou que as qualidades que a publicidade alardeava não existem não se deixa iludir outra vez.

É o caso de quase todos os anúncios do governo de São Paulo que proliferavam como esforço pré-eleitoral no final de 1981 e começo de 1982. Todos já haviam experimentado o produto Maluf e não pretendiam comprá-lo outra vez.

Diversos produtos como amaciantes para roupa, vitaminas para dar nova disposição para o trabalho, *shampoos* que tornam a mulher mais atraente, desodorantes que dão 24 horas de proteção absoluta, sabonetes que fazem desaparecer os cravos e espinhas, caldos de carne que tornam a mulher mais recompensada em casa, ceras que facilitam o trabalho da esposa, já haviam sido tentados por vários consumidores que se frustraram enormemente com o que compraram.

Alguns resolveram tomar o antídoto mais radical: "Nem vejo mais anúncio", afirma Lizete. "Não quero saber de reclame na TV. Quando passa, eu finjo que não tô vendo", garante Aurora. Mas a maioria, embora a princípio negasse, continua dando alguma atenção à publicidade e chega a orientar suas compras através dela.

Por exemplo, as peças de casas comerciais em que os preços são anunciados são considerados úteis por quase todas as pessoas, já que evitam o trabalho de ir até a loja para conhecer suas ofertas.

Alguns comerciais, devido ao violento contraste que oferecem em oposição à realidade da vida dos trabalhadores, chegam a provocar revolta. Para quem já conheceu a fome, é muito difícil enfrentar no aparelho de TV as qualidades alimentícias de rações para cães, com todos os 43 nutrientes para o seu cãozinho ficar sadio. Esse tipo de publicidade, assim como a de produtos como diamantes, eram as mais destacadas pelos integrantes do grupo do Paicará, quando se fazia um esforço coletivo de memória dos fatos que mais chamaram a atenção de cada um na programação do bloco das oito da Globo no decorrer da semana anterior.

VI.3. *Ficção*

Por tratarem de problemas universais do ser humano, as telenovelas são a parte da programação do horário nobre da Globo que mais permite aos telespectadores comparações entre o que assistem na tela e o que têm na vida real. Exatamente por isso, são o gênero que mais se deixa afetar pelo senso crítico decorrente do conhecimento pessoal dos assuntos por parte do espectador. Quase todas as pessoas que assistem novelas viveram situações parecidas, pelo menos estruturalmente, com as dos personagens do enredo: paixão, infidelidade, amor, ódio, morte, nascimento, casamento, aborto, doença, migração, perseguição, desemprego e assim por diante.

Embora saibam que se trata de ficção e não se incomodem muito com situações fantásticas que aparecem nas telas, as pessoas sabem identificar as inverdades prováveis que se depreendem da trama e até gostam de realizar esse exercício. Descobrir essas pequenas falhas é quase como fazer um jogo mental. E a recompensa maior está em descobrir erros de continuidade, o que realmente exige uma dose de atenção muito grande da parte dos telespectadores, pelo menos no caso das novelas da Globo.

Já outras situações são muito fáceis de se perceber. Tarcísio Meira foi logo identificado pelos nordestinos como um pernambucano muito pouco convincente, quando fez Juca Pitanga em *Coração Alado*. Da mesma forma, todos os que em Lagoa Seca tinham algum parente que havia migrado para o Rio de Janeiro (e esse era o caso de quase todos do grupo) sabiam perfeitamente que as coisas não corriam com tanta desenvoltura como ocorreram para a família Pitanga que, apesar de ainda ter tido a infelicidade de ver roubado todo seu dinheiro logo após o desembarque na Estação Rodoviária, em poucos dias já estava empregada e alojada. Ninguém no grupo da Lagoa Seca tinha conhecimento de processos tão rápidos e sem problemas de instalação no Rio ou em São Paulo.

Por outro lado, os espectadores de Lagoa Seca identificam-se com os personagens da família Pitanga em função da grande união que os caracteriza. Sob o ponto de vista da importância que se dá à instituição familiar, *Coração Alado* é vista como profundamente fiel aos fatos.

Um dos momentos mais dramáticos de *Coração Alado* foi a questão do aborto que a personagem Vivian teve de decidir, após ter sido violentada pelo cunhado. A solução que a trama da novela oferece é do tipo conservador. Apesar de a criança ter sido produto de um estupro, o que daria à mãe justificativas morais quase inquestionáveis, Vivian acaba tendo a filha. Mas a simples menção do aborto na novela oferece às pessoas que viveram ou vivem um drama similar a oportunidade de refletir sobre seu problema, bem da forma como Geertz sugere. Qualquer que seja a decisão que Vivian dê a sua dúvida, ela não vai afetar a vida real de ninguém, mesmo se o telespectador, através de empatia, se colocar no lugar da personagem e, depois de pesar todas as alternativas, tomar uma decisão sua. Será uma decisão sem responsabilidade ou conseqüência, mas que poderá eventualmente afetar uma decisão futura. Muitas das mulheres com quem conversamos durante o período de exibição da novela confessaram, em especial à minha mulher, não a mim, já terem vivido a mesma situação de Vivian e que a novela lhes havia sido muito útil para que pudessem fazer uma reavaliação da decisão que tinham tomado. Outras admitiram estar diante do dilema exatamente no instante em que a novela era exibida e que as dúvidas da personagem ajudavam a resolução de seu problema. E embora Vivian tenha decidido por não abortar, algumas telespectadoras decidiram pelo aborto.

Essa mesma capacidade de servir de diagrama para os problemas reais dos espectadores foi novamente observada no Paicará no decorrer da exibição de *Brilhante*. Mas nesse caso, as possibilidades de empatia já eram menores porque, ao contrário de Janete Clair, autora de *Coração Alado,* que não tinha dificuldades para colocar operários em seus enredos, Gilberto Braga, o autor de *Brilhante*, é um retratista da classe média alta por excelência, como ele mesmo admite.

Assim, seus personagens não permitem uma identificação tão forte em telespectadores operários, como os de Janete Clair permitiam, em especial os nordestinos no caso de *Coração Alado*. Mesmo assim, os personagens de classe média baixa, que são os representantes de classes sociais dominadas no cenário de Braga, permitem alguma empatia por parte dos trabalhadores do Paicará.

Algumas situações fortes da novela, capazes de emocionar um telespectador de classe média alta, passam completamente desapercebidas pelo de classe operária. Problemas existenciais como os do personagem Inácio Newman, que se atormenta com a questão de sua sexualidade e se afoga em álcool tendo diante de si uma casa maravilhosa, videocassete, aparelho de som em que escuta Wagner, são considerados ridículos pelos telespecadores do Paicará que enfrentam dramas muito mais sérios.

Insinuações sutis como a do homossexualismo de Inácio nem chegam a ser percebidos. A maioria das pessoas do grupo não sabia que ele era um homossexual, apesar das várias pistas que o autor deixou e que chegaram a provocar-lhe dificuldades com a censura federal.

Outro pólo de atração de *Brilhante* era a mãe de Inácio, dona Chica Newman. A experiência pessoal de moças do Paicará que trabalham como empregadas domésticas em casas de classe média é que nesta faixa da sociedade não há mais mães que fiquem se preocupando com os filhos como dona Chica com Inácio. Muito menos pode parecer verossímil uma mulher ambiciosa, rica e má como ela tornar-se ao final da trama uma pessoa boa, afetuosa e capaz até de casar com um humilde motorista.

O caráter fantástico, inverossímil, da novela, não impede que as pessoas se divirtam com ela. No caso de *Brilhante*, pressentia-se que não poderia ser levada a sério desde o princípio, por já aparecer com personagens fantasmas. Ao contrário de *Coração Alado*, cujos problemas embora solucionados de forma que normalmente não ocorre na vida real eram próximos aos da audiência de Lagoa Seca, não havia quase nada em comum entre as personagens de *Brilhante* e as pessoas do Paicará.

Mesmo assim, alguns problemas se colocavam como universais e serviam para os trabalhadores do Paicará pensarem suas próprias existências. A morte do pai de Inácio, por exemplo, trouxe a muitas pessoas do grupo a lembrança dos próprios pais e os forçou a uma reavaliação de sua relação com eles. Quem os tinha vivos garante que houve até melhorias no relacionamento com eles após o episódio da morte de Vitor Newman. Os que já estavam órfãos admitiram ter realizado um novo exame de consciência com a novela.

A questão do amar *versus* gostar, trazido pela amizade que ainda envolvia um casal que fora casado mas que deixara de se amar e vivia agora o dilema sobre a indefinição de seu sentimento, também conseguiu colocar problema em casais que enfrentavam ou tinham enfrentado situação similar.

Algumas lições que a novela tentou dar ao público, inclusive em seu esforço de criar personagens verossímeis fora da classe média alta, perderam-se no vazio da realidade da vida das pessoas que não lhe podia dar anteparo.

Foi o caso, por exemplo, de um velho alfaiate com problemas de perda de clientela, que dá conselho para o filho maduro que de repente fica desempregado: "É por essas e por outras que eu nunca tive patrão. Sempre trabalhei por conta própria."

O apelo à livre iniciativa cai no vazio porque, como constata a modesta costureira Lizete, "para abrir negócio, mesmo pequeno, é preciso capital, dinheiro. E isso é o que ninguém tem hoje em dia".

E também foi o caso do personagem Guto, menino, filho de um posseiro de Mato Grosso, aparentemente roubado em seus direitos por um homem rico, Dr. Paulo: "O que a gente pode contra os tubarões? Dr. Paulo tem dinheiro. Passou a gente pra trás e vai ficar por isso mesmo. Mas eu tenho fé em Deus."

A solução da fé em Deus para resolver os problemas da vida é ridicularizada por Jorge, para quem a única solução está na organização das pessoas que se sentem exploradas para mudar a realidade social.

É claro que a fórmula de Jorge, um militante de partido político também não é aceita pela maioria das pessoas. Mas não foram poucos os que, como ele, não se mostraram satisfeitos com a solução que Guto apresenta. Eles já tentaram a fé em Deus e não deu certo.

VII. O senso crítico através do conhecimento dos meios

Até aqui, tem sido possível observar que os trabalhadores de Lagoa Seca e do Paicará não aceitam passivamente as informações, os valores e idéias que a TV lhes transmite. Mas, ao menos no que se refere ao telejornalismo, as reelaborações que são feitas, o que se poderia chamar de senso crítico em relação à TV, são, em geral, localizadas e específicas. Quase sempre limitam-se a uma discordância em relação a conteúdos determinados que o telejornal veicula e que, ou por experiência pessoal ou porque outra pessoa ou instituição lhes disse outra coisa, eles sabem não se tratar de uma informação correta ou plenamente correta, ao menos. Muitas vezes, inclusive, há uma certa confusão entre a fonte da informação e o veículo que a transmite, em geral fazendo com que toda ou pelo menos a maior parte da responsabilidade seja atribuída à pessoa que é entrevistada ou à instituição que originou a notícia. Assim, a reação mais comum a uma declaração do ministro Delfim Neto de que a inflação vai cair é a manifestação do descrédito do telespectador em relação à pessoa do ministro ou à instituição governamental, não um questionamento sobre as razões por que a TV só busca a opinião do ministro e não de outras pessoas que pensem diferentemente dele, inclusive os próprios trabalhadores. A dúvida recai sobre a figura do ministro ou a figura do governo. O princípio pelo qual quem deve falar sobre a economia nacional é o ministro do Planejamento, ou seja, a razão primeira que faz com que haja uma especialização e uma sacralização do saber, esta não é questionada.

O nível do conhecimento específico dos meios de comunicação de massa é, em geral, bastante baixo. Nas sessões de trabalho realizadas para a elaboração desta pesquisa, os assuntos que lidassem com a estrutura, a "política" dos meios de comunicação ou mesmo a técnica de confecção dos programas ocupavam muito menos tempo e despertavam menos atenção e interesse do que as discussões sobre o conteúdo das notícias. As pessoas gostavam muito mais de discutir a entrada ou não de Jânio Quadros no PMDB do que os critérios de interesse público que levava a TV a dar tanto destaque a esse assunto ou de seleção de fonte de informação que acabariam por resultar em um conjunto mais ou menos desfavorável para a imagem do maior partido de oposição.

A maioria das pessoas ao início do trabalho sabiam pouco mais do que o nome do proprietário da Rede Globo de Televisão, e assim mesmo só porque sua figura é presença constante nos telejornais da casa. Ao final dos seis meses de encontro, continuavam sabendo pouco mais do que isso. Algumas pessoas imaginavam que a Globo era um império financeiro, mas não desconfiavam em que áreas de interesse da Economia este império opera. A história da Globo era desconhecida de quase todos, bem como as suas relações com o Estado. Era difícil obter a atenção do grupo para histórias como a interferência do grupo Time-Life.

Também a estrutura do relacionamento entre emissoras e Estado não conseguia despertar grande interesse. Em cada um dos grupos, só se conseguiu travar uma discussão sobre o problema da concessões de canais de TV. Em Lagoa Seca, graças à "deixa" da concorrência pelo espólio da Tupi, pois a possibilidade de Sílvio Santos obter uma rede nacional excitava os integrantes do grupo (os mais politizados, receando os efeitos que a medida teria sobre a cultura popular brasileira, os mais "alienados", ansiosos para ter de volta seu programa preferido dos domingos de que foram privados desde a dissolução da Rede Tupi). No Paicará, como já foi citado, graças à participação de um dos elementos do grupo numa convenção partidária em que se discutiu especificamente o tema.

Exceto nessas duas ocasiões, a questão da relação entre Estado e emissoras só era lembrada em situações de rápida menção durante as intervenções do pesquisador, a título de ilustração ou reforço de um argumento. Como o tema nunca sensibilizou o grupo, não se insistia nele, dentro do espírito de que o pesquisador não deve conduzir os debates para a direção que ele julga mais adequada e de que a pesquisa-ação não é nem exercício didático nem trabalho de proselitismo.

Mesmo assim, a questão da relação Estado/emissoras era eventualmente abordada. Em geral, na forma de desconfiança de que "governo" (não Estado) e Globo (não a TV como um todo) deveriam ter alguma coisa em comum, por mais herética que a idéia pudesse parecer aos olhos das pessoas. Quem colocou a questão de forma mais precisa foi "seu" Orlando, durante uma sessão em que se debatia o problema da lei de usucapião e foi recordado o episódio em que ele e "seu" Francisco foram entrevistados pela Globo quando o governador Maluf lá esteve para entregar alguns títulos de propriedade da terra a posseiros do local.

Os dois falaram longamente aos repórteres, mediram suas palavras, escolheram os termos que lhe pareceram mais adequados para a honra de serem ouvidos por milhões de pessoas. De noite, todo o Paicará estava ansioso à espera do telejornal. Nas casas de "seu" Francisco e "seu" Orlando, as famílias esperavam com ansiedade a chance — provavelmente única — de verem seus chefes na televisão. Qual não foi a decepção quando a matéria sobre Maluf no Paicará se limitou a mostrar o próprio governador e pessoas que o elogiavam e "que nem eram daqui, eram funcionários da Prefeitura do Guarujá, que vieram para cá de ônibus", como acusou "seu" Francisco.

Eles já tinham alertado as pessoas, antes do jornal ir ao ar, que provavelmente nem tudo que eles tinham dito ao repórter seria transmitido. "Já tinha experiência com as rádios de Santos: eles sempre cortam o que eu disse de mais importante", recordava "seu" Francisco. Mas nem ele nem "seu" Orlando podiam imaginar que nada do que haviam dito seria selecionado para a transmissão.

A experiência calou fundo na maneira como os dois passaram a avaliar a TV dali para frente. Quando a questão da lei de usucapião foi abordada pelo *JN*, já fazia mais de dez meses que o incidente da presença de Maluf havia ocorrido. E "seu" Francisco e "seu" Orlando ainda o tinham vivo na memória. Ao contrário do que ocorria normalmente (exemplos de episódios anteriores, em especial os mais remotos, raramente eram citados como ponto de referência para um debate atual), a experiência de ter sido "derrubado" pela edição da Globo era referida diversas vezes por seus protagonistas.

E ela levou os dois indivíduos que tinham posições políticas mais à direita no grupo a conclusões que colocavam em pauta os temas mais elucidativos da questão da indústria cultural. "Deus me perdoe, mas parece que tem uma espécie de combinação entre a Globo e o governo" é uma frase que define, ainda que não de maneira elaborada e erudita e com uma oração introdutória que revela o caráter intimidatório que a TV exerce ainda sobre as pessoas, um dos pontos vitais para o bom entendimento do que é a indústria cultural em nosso País.

"Só acreditaria na imparcialidade deles se eles viessem aqui e entrevistassem a gente mesmo e depois fosse pro ar tudo", afirmava "seu" Francisco, no que poderia ser considerado, se não fosse a linguagem simples, um bom resumo de projeto para uma TV democrática.

No grupo do Paicará, essa era a experiência pessoal com os meios de comunicação de massa mais significativa que havia ocorrido. Alguns dos membros do grupo tiveram a oportunidade de participar de alguns processos de edição feitas com o videocassete doméstico do pesquisador e esse tipo de conhecimento mostrou-se bastante eficaz para fazer com que o nível crítico de suas intervenções se elevasse. A chance de ter contato direto com o tipo de material parecido com o que é utilizado na "TV de verdade" foi bastante elucidativo para eles.

Jorge, um dos que tiveram esse tipo de experiência, não tinha noção exata da facilidade relativa com que se pode fazer cortes e montagens com vídeo. Muito menos de que não é tão complicado como parece ao espectador comum deturpar toda uma mensagem através de simples truques de edição; de que não é mágica fazer com que a colagem de frases diversas ditas ao longo de meia hora mude por completo o sentido do discurso do entrevistado.

Seu relato aos demais participantes do grupo foi sempre muito rico e pertinente, lembrando-se do que tinha tido a oportunidade de aprender em momentos certos, utilizando exemplos adequados para tentar explicar o tipo de procedimento que provavelmente os editores da Globo haviam adotado para fazer essa ou aquela matéria.

De resto, o que foi possível fazer para que aumentasse o grau de conhecimento do grupo sobre os mecanismos internos da TV eram as intervenções do pesquisador com dados e informações, a partir de determinadas matérias que haviam chamado a atenção, por qualquer motivo, das pessoas.

Assim, por exemplo, procurei tirar partido do impacto que uma série de reportagens sobre inundações no Estado do Rio de Janeiro, em dezembro de 1981 havia causado sobre o grupo do Paicará. Como alguns deles tinham sido vítimas dos desmoronamentos de morros de Santos provocados pela chuva em 1956 e quase todos tinham tido alguém da família que vivera o drama, notícias sobre enchentes e deslizamentos costumavam provocar comoção maior do que a habitual entre aquelas pessoas.

Assim, a edição do *JN* do dia 4 de dezembro de 1981 foi quase inteiramente dedicada às grandes chuvas que haviam matado 44 pessoas no Estado do Rio de Janeiro. A Globo iniciava a campanha "SOS Rio", fazia grandes elogios à "Solidariedade do povo carioca", mostrava o ministro Mário Andreazza muito ativo, com sua postura de "já vou resolver tudo", noticiava que o INAMPS iria distribuir remédios e atender as vítimas (e a notícia tinha uma conotação de que agir assim era mais do que obrigação do servidor público, seria quase um favor). Em quase todos os segmentos do *JN*, as informações só davam conta de que o governo era formidável, já estava agindo e a situação logo estaria sob controle.

Acontece que o repórter que se deslocou para a cidade de Magé, uma das mais atingidas pelas inundações, resolveu dar um outro enfoque ao problema. Ao invés de se limitar a ouvir as autoridades, foi escutar populares que trabalhavam em conjunto tentando escoar as águas que se acumulavam em uma via pública. E foi assim que se ouviu uma dessas pessoas dizendo: "já que eles não fazem, nós fazemos..." O corte de edição foi muito abrupto e ficou claro para todos (principalmente porque Jorge logo alertaria sobre as características técnicas da edição, supondo, corretamente, que aquele deveria ter sido um trabalho feito às pressas, devido à quantidade de material e à distância que as matérias tinham de percorrer em condições precárias até atingir a redação) que aquele popular estava provavelmente referindo-se ao governo e que deveria ter dito outras coisas que não haviam ido para o ar. Depois do intervalo comercial, apareceu uma longa entrevista com o diretor-geral do DNER, a quem não se impôs qualquer corte.

No dia seguinte, 5 de dezembro, o repórter que na véspera havia estado em Magé deslocara-se para Petrópolis. E no seu segmento, ao contrário do que havia ocorrido em todos os que lhe haviam antecedido, voltam a ser ouvidos flagelados, que criticam com vigor a falta de atendimento de que estavam sendo vítimas por parte das autoridades.

O desempenho desse repórter não passou desapercebido do grupo do Paicará. As matérias chamaram a atenção por dois motivos principais: primeiro, porque ninguém falou nas causas de enchentes, inundações e deslizamentos, que durante todos os verões há muitos anos infernizam (às vezes acabam) com a vida dos trabalhadores de Santos, São Paulo, Rio de Janeiro e outras cidades; segundo, porque só "aquele moço" havia deixado os flagelados manifestarem suas opiniões.

Não haveria oportunidade melhor para lembrar e discutir a questão das contradições internas que há na TV e nos demais meios de produção da indústria cultural. "Aquele moço" era um repórter com posições políticas mais próximas das de pessoas que são as maiores vítimas de situações como essas de chuva e inundações, os trabalhadores que são explorados no trabalho e ainda têm de viver nos locais mais arriscados e em construções menos resistentes.

Tentei explicar também que para "aquele moço", provavelmente não fazia tanto sentido quanto para os demais a teoria de que só pode falar sobre determinado assunto quem se formou na Universidade estudando-o e que tinha tanto direito de aparecer na TV falando de enchentes o engenheiro que vai contar quais os métodos utilizados para a reconstrução de uma ponte quanto um cidadão que teve sua casa destruída pelo deslizamento de um pedaço de morro. E argumentei no sentido de que as pessoas que são telespectadoras deveriam tentar identificar quais são os repórteres e comentaristas que se posicionam ao seu lado e quais são as matérias ou segmentos de matérias que defendem pontos de vista próximos dos seus.

"Seu" Francisco chegou a levantar a hipótese de, se "aquele moço" tivesse sido o repórter no dia em que Maluf esteve no Paicará, talvez sua fala tivesse saído na TV. Mas foi-lhe explicado que a edição é um outro nível de decisão e que quanto mais elevado o nível de decisão, mais difícil é a possibilidade de que pessoas identificadas com as opiniões de trabalhadores cheguem até lá.

Aquela discussão teve grande repercussão. Houve até a iniciativa de enviar uma carta ao repórter, cumprimentando-o pela sua atuação, o que acabou sendo de fato realizado. Meses depois, no dia 2 de fevereiro de 1982, ela ainda seria lembrada. Naquele dia, o *JN* mostrou matéria internacional sobre inundações no Peru. Um repórter (não "aquele moço" das enchentes do Rio, mas outro) entrevistava diversos populares e muitas críticas à falta de atuação do governo foram veiculadas. Elza lembrou da diferença desse tipo de enfoque do que havia sido dado aos problemas do Rio em dezembro. E houve a oportunidade de um novo debate sobre outra característica interior do comportamento e da racionalidade do telejornalismo: o que acontece longe do Brasil e sem repercussões imediatas pode ser noticiado com outro tipo de angulação. Os motivos para esse tipo de comportamento foram longamente debatidos e chegou-se à inevitável conclusão de que havia interesses em jogo: interesses de governo e interesses de empresa. Jorge voltou a lembrar a questão das concessões e houve quem lembrasse da censura. Esse tipo de discussão era o mais enriquecedor para que o nível de crítica deixasse o factual e conteudístico para chegar ao desvelamento interno da ideologia dos meios de comunicação de massa.

A ignorância em relação aos procedimentos técnicos e operacionais da TV nem sempre, entretanto, leva necessariamente a um rebaixamento do nível de consciência crítica apenas. Ela pode, inclusive, impedir que as pessoas se deixem levar por certo tipo de apelo emocional com forte carga conotativa que não chega nem a ser percebido pelo espectador. É o caso, por exemplo, do "cromaqui", recurso visual de que o *JN* se vale para externar uma opinião que se sente impedido de emitir ostensivamente através de linguagem verbal. É claro que a opinião passa através de todo o processo jornalístico, como se vem procurando demonstrar insistentemente aqui. Mas, ao menos em horário nobre, o telejornalismo ainda não utiliza no Brasil o gênero do jornalismo opinativo, embora ele começasse a aparecer, na forma de comentaristas, ilustradores, chargistas e humoristas com maior desenvoltura nos jornais de fim de noite da Globo a partir do ano de 1981.

Intrigado pelo fato de nunca ter vindo à discussão a questão do "cromaqui", tomei a iniciativa, na segunda sessão de trabalho de janeiro de 1982, de questionar o grupo sobre sua opinião a respeito dele. A maioria absoluta jamais tinha dado atenção a ele, muito menos decodificado seu sentido.

Na época, por exemplo, notícias relativas à Polônia mostravam um tanque esmagando a palavra *Polônia*, o que constituiu-se em um símbolo visual que, para quem o percebia da forma como provavelmente os editores do *JN* queriam, significava uma suposta invasão da União Soviética. De fato, essa imagem era tão forte que credito a ela um lapso que eu mesmo cometi, no desempenho de funções profissionais, quando me referi em um artigo à invasão da Polônia pelos russos, quanto queria me referir, é claro, à tomada do poder na Polônia pelo general Jaruzelski, já que a União Soviética nunca invadiu a Polônia. Mas a mensagem que o "cromaqui" passava noite após noite era aquela que, juntamente com toda a abordagem da imprensa e da TV, de que a ascensão de Jaruzelski ao poder se dava em função da influência soviética —, induziu-me, creio, ao equívoco.

Mas no Paicará, ninguém havia dado atenção ao "cromaqui" da Polônia. Como também ninguém havia dado atenção ao "cromaqui" que identificava as matérias sobre a crise da Previdência Social, que mostrava uma faixa verde-amarela alimentando um coração com sangue, como se a Nação estivesse sendo exaurida para que a Previdência pudesse atender seus filiados. Alguns, instigados, eram capazes de recordar a existência de tais ilustrações, mas era evidente que ninguém lhes dava importância, ao contrário do pesquisador que, sabendo que por seu intermédio se tentava passar uma mensagem fortemente conotativa, julgava fundamental prestar atenção ao "cromaqui" e interpretá-lo.

Quando se discutiu esse assunto, veio à tona o problema de por que a TV raramente dá sua opinião ostensiva aos consumidores, ao contrário do que fazem os jornais e mesmo o rádio. E aí o debate correu com facilidade, aproveitando-se todas as observações feitas pelo grupo anteriormente sobre o caráter parcial e tendencioso de muitas matérias para fornecer uma explicação de como a TV tenta parecer neutra, embora na verdade não o seja.

A sistematização de todas as críticas que haviam emergido durante as sessões anteriores até que se pudesse chegar a um número significativo de exemplos de semanas anteriores permitiu a conclusão de que havia uma coerência nas posições tendenciosas de quase todas as matérias que, ao longo das sessões, haviam sido apontadas como parciais. Ou seja: que o beneficiário das distorções das matérias era quase sempre o mesmo. E esse beneficiário foi identificado num primeiro momento como o governo, ao mesmo tempo em que a análise apontava também para um prejudicado constante, que eram os trabalhadores.

Esse era o tipo de conclusão que interessava chegar com mais freqüência para que o nível de consciência crítica frente à TV pudesse elevar-se. Lizete recordou matérias em que se procurava mostrar autoridades como pessoas simpáticas, bonachonas, em especial o presidente da República e o ministro da Previdência Jair Soares. E, ao mesmo tempo, estranhava que nunca aparecessem matérias similares (Jair Soares jogando bola com Zico, em 1.º de dezembro de 1981, por exemplo) focalizando pessoas como Lula, Ulysses Guimarães ou Leonel Brizola. Os interesses em jogo começavam a ficar mais claros.

Nem todos os presentes aceitaram tranqüilamente esse tipo de conclusão. Havia resistência de pessoas mais conservadoras (havia, tanto no grupo do Paicará quanto no de Lagoa Seca, pessoas que eram razoavelmente assíduas mas quase nunca se manifestavam e que, quando o faziam, defendiam posições que denotavam uma postura política próxima à direita e que chegaram a revelar-se eleitores do PDS quando o debate pré-eleitoral começou a esquentar). Essas pessoas não chegavam a negar que houvesse uma simpatia do *JN* pelas posições do governo. Só que achavam que era correto que assim fosse. E como não eram pessoas que se incomodassem muito em fazer prevalecer seus pontos de vista, parecendo mais interessadas em ouvir do que falar, não chegava a haver grande debate com elas.

Em Lagoa Seca, as melhores oportunidades de se discutir a estrutura interna da TV chegavam em função das colocações ou de Ivanildo, a partir de sua experiência no curso sobre comunicação da Igreja, ou de Mano, a partir de sua colaboração com o trabalho da rádio da Igreja.

Por exemplo, a presença constante dos trabalhadores, inclusive do campo, nos programas da rádio induzia sempre o grupo a comparações com a ausência de trabalhadores, principalmente do campo, nas matérias do *JN*. Essa comparação possibilitava estimulantes debates em que parecia claro a todos que a exclusão dos trabalhadores do conteúdo informativo do *JN* não era episódio casual e fortuito, mas sim produto de interesses em jogo. Os interesses da Globo, concluía-se, eram melhor defendidos se os telespectadores tivessem uma imagem positiva do regime político, dos militares, dos governos vigentes e não tivessem muita informação sobre os problemas principais da população. "Talvez eles pensam que se não falar nos nossos problemas a gente se esquece", arriscou Mira numa dessas discussões. Mas Ivanildo contrapôs: "A questão é que nós, não interessa muito a eles. Interessa é o pessoal de classe média, que não sabe da miséria do povo e é bom pra eles que continue não sabendo."

Pelo caminho da presença ou ausência de trabalhadores nos meios de comunicação foi possível chegar a diversas conclusões interessantes. Por exemplo, analisou-se em primeiro lugar a freqüência da presença de trabalhadores no vídeo, para se constatar que era mínima. Depois, passou-se à questão do papel que os representantes de trabalhadores desempenhavam quando apareciam para se deduzir que a maior parte deles aparece em situações de menor importância e prestígio social ou então como desajustados (criminosos, por exemplo). Os trabalhadores mais freqüentes nas telas são os que exercem papéis socialmente reprováveis ou que estão realizando alguma ação que é apresentada como socialmente reprovável (as greves, por exemplo). O *status* do trabalhador que aparece na TV é quase invariavelmente baixo.

É evidente que as conclusões a que os integrantes do grupo de Lagoa Seca chegaram não eram expostas com esse tipo de formulação vocabular. Mas substancialmente queriam dizer isso: "Trabalhador só aparece quando é preso ou tá em greve", dizia Mira. "Ou então quando é Dia de Ano Novo e mostram os limpadores catando papel em São Paulo", completava Afonso. E por aí iam as observações que acabariam por compor um retrato muito fiel à maneira como se representa o trabalhador no *JN*.

Chegar a essas conclusões só foi possível graças à contribuição indispensável que deram ao debate as duas pessoas do grupo que tinham maior conhecimento do funcionamento interno dos meios de comunicação e que, portanto, foram capazes de, com o relato de sua experiência, provocar um salto de qualidade no tipo de crítica à TV que se fazia no grupo, ajudando-o a enxergar os motivos mais profundos do comportamento político da TV enquanto fornecedor de informações ao público.

Se maiores oportunidades de conhecimento da dinâmica de funcionamento da TV tivessem ocorrido, com certeza os resultados finais do trabalho teriam sido diferentes. Se alguma recomendação a quem pretenda explorar e desenvolver o senso crítico do público em relação à TV pudesse ser feita a partir deste estudo, seria, com certeza, a de que não se deveria deixar de incluir visitas a emissoras de TV no programa do grupo com que se trabalhar e, na impossibilidade disso, ao menos levá-lo a conhecer algum tipo de aparelhamento de vídeo, para que tenha uma noção mínima dos processos de edição de TV.

VIII. Conclusões

Como ficou bastante claro na seção deste trabalho referente a metodologia, não se pretende com ele chegar a conclusões generalizantes que se apliquem a todas as pessoas nem a todos os brasileiros, nem mesmo às classes trabalhadoras deste País, do Nordeste ou sequer do Rio Grande do Norte ou Guarujá.

O que esta pesquisa procurou comprovar é que não é necessariamente verdade que *todos* os trabalhadores brasileiros recebam as mensagens da televisão passiva e acriticamente e que façam da visão do mundo que ela lhes apresenta, a sua. O que ela pretende demonstrar é que *qualquer* trabalhador, mesmo que não seja uma pessoa com sua consciência de classe perfeitamente desenvolvida, é capaz de ser crítico diante da programação jornalística da televisão, desde que disponha de mínimos elementos que completem sua representação do real. Não havendo o monopólio da representação do real, qualquer pessoa pode ser crítica diante da TV. Para demonstrar esta tese, não é preciso analisar amostragens representativas do universo social completo. Basta encontrar um grupo de pessoas para que se demonstre que a generalização de que *todos* se moldam à TV não vale. E esta pesquisa pretende ter demonstrado esta tese.

Os grupos de trabalhadores de Lagoa Seca e Paicará, que já existiam como grupo e já tinham interesse por problemas de comunicação antes desta pesquisa começar, eram compostos por pessoas de diversos posicionamentos ideológicos. Por exemplo, havia desde eleitores do PDS até do PT. Ao longo de alguns meses de trabalho de análise sistemática da programação do horário nobre da Rede Globo de Televisão, não houve qualquer mudança significativa em seu comportamento político que pudesse ser creditada quer à televisão quer à pesquisa-ação. Em geral, continuaram como estavam. Alguns passaram do PT para o PMDB, mas a causa não pode ser atribuída à Globo ou a este trabalho: ocorreu por decisões políticas das agremiações a que pertenciam aquelas pessoas.

Muito provavelmente, em especial no caso de Lagoa Seca, onde a TV é fenômeno recente (meados da década de 70), as pessoas tinham suas idéias muito próximas às atuais desde antes de terem acesso a um aparelho de televisão, embora isso não possa ter sido comprovado.

As pessoas que compunham esses grupos apresentavam desde o início da pesquisa algum senso crítico em relação à programação televisiva. É verdade que elas não podem ser consideradas típicas do operariado urbano brasileiro. A simples disposição de participar de qualquer tipo de atividade coletiva já é um elemento que as diferencia de boa parte de seus colegas. A preocupação com temas de comunicação, um jornal primeiro e à programação da Globo depois, as torna ainda menos representativas, do ponto de vista estatístico.

Em compensação, não eram "aberrações sociais." Não havia nenhum modelo de consciência de classe entre eles, nenhuma liderança sindical ou política extraordinária (embora alguns até prenunciassem uma carreira de liderança sindical e outros tivessem já um currículo de modestas porém significativas realizações na área do movimento de associações de moradores). Eram operários e operárias comuns, encontráveis em qualquer bairro de qualquer cidade grande do Brasil contemporâneo.

O senso crítico diante da TV que demonstravam quando do início da pesquisa, como já foi lembrado, não era dos mais altos. Estava, com certeza, incluído naquilo que Stuart Hall [67] chamaria de "código decodificador negociado", dentre três possíveis categorias de fórmulas de entendimento das mensagens da indústria cultural (as outras duas seriam o "código hegemônico ou dominante", no qual o espectador interpreta a mensagem da TV usando os mesmos valores conotativos utilizados pelos transmissores, e o "código oposicional", no qual o espectador é capaz de decodificar a mensagem dando-lhe um sentido inverso ao que o transmissor pretendeu conferir-lhe). Hall disse o seguinte sobre esse tipo de código:

> "...é, talvez, o mais difícil de definir, já que a grande maioria dos consumidores se incluem nele. Em termos gerais, a utilização do código negociado inclui uma mescla de elementos de adaptação e de oposição. Decodificações negociadas reconhecem a legitimidade das definições hegemônicas. Mas, em um nível mais restrito, reservam-se o direito de dar-lhes uma aplicação negociada, impõe suas próprias regras às definições dominantes da realidade social." [68]

E isso é exatamente o que se pode observar em Lagoa Seca e Paicará, tanto antes quanto depois da realização da pesquisa-ação. É verdade que os meses de reflexão conjunta sobre a programação da Globo provocaram mudanças na maneira pela qual os participantes da experiência encaram a TV. Mas nada muito dramático, por certo.

O nível do senso crítico observado nas primeiras reuniões elevou-se. As discordâncias com o conteúdo televisivo adquiriram uma complexidade maior e a compreensão, ainda que reduzida, da dinâmica de funcionamento da indústria cultural, deu outra dimensão à análise das pessoas envolvidas. Não poderiam ser classificadas como *alienadas* ao início do trabalho. Ao seu final, não poderiam também ser chamadas de *revolucionárias*.

Se, no princípio, as reuniões demonstravam que os trabalhadores praticamente limitavam seu senso crítico a discordâncias em relação ao conteúdo das notícias veiculadas pelo *Jornal Nacional*, os últimos encontros já revelavam que eles começavam a perceber as operações ideológicas que estavam por trás daqueles conteúdos, que aqueles conteúdos não eram obra do acaso e que a responsabilidade por eles não podia ser atribuída exclusivamente às fontes de informação que haviam sido entrevistadas pelos jornalistas nem aos jornalistas que as haviam processado e embalado, mas sim a uma estrutura de produção dos bens culturais que, numa sociedade capitalista, precisam estar cobertos por uma máscara de ideologia para que possam bem cumprir sua função de reprodutora das condições de produção e mantenedora da hegemonia de classes vigente na atualidade.

É claro que, no fim da pesquisa, os participantes não haviam se transformado em "supercríticos" capazes de entender todo o processo de produção da cultura numa sociedade industrializada. Nem os grandes teóricos da Universidade conseguiram tanto. E a pesquisa-ação não é um curso rápido de "como adquirir consciência crítica", mas sim um processo de interação social em que uma ou mais pessoas observam as idéias de outras em relação a um objeto (no caso, a programação do horário nobre da Globo e, especificamente, o *Jornal Nacional*), e ao longo do qual observadores e observados aprendem uns com os outros e, espera-se, cresçam como agentes sociais e pessoas. O que eu aprendi está exposto neste trabalho. O que eles aprenderam deve estar sendo transmitido a outras pessoas.

Ao final da pesquisa, seus participantes não passaram a rechaçar a TV, como os ingênuos radicais poderiam apreciar. Nem mesmo a assiduidade diante do vídeo chegou a ser modificada. Quem assistia menos, por impossibilidade ou inapetência, continuou assistindo menos do que outros que, por disponibilidade ou prazer, assistiam mais. Alguns deixaram de ter vergonha de admitir que assistiam novelas (que bom se alguns dos nossos intelectuais conseguissem chegar a tanto...). Mas, em geral, a pesquisa não alterou a apreciação que as pessoas tinham em relação à TV. Não era esse seu objetivo, tampouco. Entender o meio não significa desprezá-lo ou deixar de levá-lo em consideração. Da programação de TV, gosta-se ou não: isso é uma coisa; entende-se ou não: isso é outra coisa; consegue-se desvelar para outras pessoas seu caráter ideológico: e isso é uma terceira coisa. Não têm necessariamente que se combinar harmonicamente. Pode-se gostar da novela sem se concordar ideologicamente com ela, como também se pode apreciar os poemas de Borges sem se alinhar com suas posições colonialistas e de direita. Pode-se utilizar as notícias que o *Jornal Nacional* apresenta sem se endossar suas angulações, assim como é possível obter informações de outra forma inacessíveis em *O Estado de S. Paulo* sem se incorporar às suas campanhas contra a estatização da economia. Ivanildo da Lagoa Seca compreendeu esse processo muito melhor que muitos professores de grandes universidades.

Em relação às hipóteses que este trabalho levantou especificamente, pode-se afirmar que praticamente todas foram confirmadas, embora uma delas mereça novos estudos, já que o material recolhido foi insuficiente para uma afirmação conclusiva.

A primeira hipótese levantada é a de que o grau de interferência de outras fontes — além da televisão — na formação da representação da realidade de uma pessoa lhe dá maiores oportunidades de duvidar, criticar e rejeitar o que ela vê no televisor. Os dados colhidos em Lagoa Seca e Paicará confirmam esta hipótese.

Leslie Wilkins [69] explica com grande clareza como, no correr dos séculos o conhecimento dos fenômenos foi sendo sucessivamente substituído: ao invés de informação em primeira mão, as pessoas passaram a conhecer o mundo através de informação "vicária", ou indireta. Este é um dado irreversível. Se a História da Humanidade não for obrigada a um retrocesso de milênios em virtude de uma hecatombe nuclear, nunca mais os homens e mulheres terão conhecimento do mundo por intermédio de sua experiência pessoal como nossos antecedentes tiveram.

Assim, cada vez mais será importante para a formação de representações do real equilibradas a interação sobre os indivíduos de diversas e contraditórias instituições sociais. Os apocalípticos têm razão quando temem que o monopólio da informação se estabeleça. Mas não deveriam temer só o monopólio da fala televisiva, mas qualquer um. E exageram quando acreditam que ele já tenha chegado. É inegável que a TV tem crescido de importância como fonte de informação nos últimos anos. Não há dúvida que ela já é hoje a mais importante instituição social operando na área da ideologia. Mas ainda não é a única. Este estudo em Lagoa Seca e Paicará o confirma: Igreja, movimento sindical, partidos políticos, jornais e rádio, além de outras pessoas estão em constante interação com os indivíduos e lhes passam informações que contrariam as da TV. Nem sempre as da TV saem vencedoras nesta luta interna de cada pessoa.

Ao contrário: a evidência nesta pesquisa é que o contrário é o que ocorre. As fontes interpessoais e as instituições sociais mais próximas dos indivíduos são mais influentes. E Lagoa Seca e Paicará não são São Bernardo do Campo, onde a influência de certos agentes sociais sobre os operários é ainda maior. E classe operária não é classe média, para quem a maior disponibilidade financeira e os hábitos culturais possibilitam acesso a uma quantidade ainda maior de instituições diversificadas. Portanto, as diversas fontes de informação "vicária" que formam a representação da realidade de cada um são importantes para que o consumo da informação televisada não seja acrítico.

Depois, há a segunda hipótese: se o grau de conhecimento pessoal que o indivíduo tem em relação a um determinado assunto é grande, então ele não vai se deixar iludir por mensagens televisivas que contêm mentiras ou meias verdades em relação àqueles assuntos. As evidências recolhidas neste estudo também permitem concluir que esta hipótese é verdadeira. Nem uma série de reportagens do *Jornal Nacional* conseguiu convencer os nordestinos de Lagoa Seca de que não há dinheiro do governo para a seca, por exemplo. Quem conhece a seca não se deixa enganar. E outras situações similares apareceram em diversos momentos para confirmá-lo.

Em relação a essas duas hipóteses, houve outros elementos que ajudaram a confirmá-las. Os temas a respeito dos quais não ocorria influência de outras instituições nem conhecimento pessoal de espécie alguma eram absorvidos da forma que o *Jornal Nacional* os enfocava, sem muita (ou qualquer) dúvida. Isso se mostrou especialmente incisivo em relação às notícias do Exterior.

A terceira hipótese era a de que quanto mais as pessoas conhecem e têm acesso aos meios de comunicação de massa, mais críticas elas se mostram. Muito poucos trabalhadores de Lagoa Seca e Paicará tinham tido acesso ou conhecimento do interior dos mecanismos da indústria cultural. Mas partiam exatamente deles as críticas mais profundas e estruturais à televisão.

Por outro lado, à medida que se desenvolvia a pesquisa-ação e o conjunto das pessoas tomava contato, ainda que indireto, com as peculiaridades do processo televisivo encaradas numa ótica "de dentro para fora", o senso crítico dos grupos como um todo assumia outro caráter, de melhor qualidade, mais conseqüente. Assim, há elementos suficientes para indicar que também esta terceira hipótese foi confirmada.

A quarta hipótese não pôde ser confirmada ou negada, por falta de elementos. A pesquisa não contou com a participação suficiente de militantes do movimento sindical e dos partidos políticos para comprovar se a atuação nesses dois tipos de organização está positivamente relacionada com a ocorrência das três variáveis antes estudadas (grau de interferência de outras fontes, nível de conhecimento pessoal sobre os assuntos e grau de conhecimento e acesso aos meios) e, portanto, que quanto mais "sofisticado" for o tipo de organização social a que o indivíduo está vinculado, mais crítico ele será em relação à televisão.

No decorrer da pesquisa, houve uma tentativa de suplementar os grupos observados com elementos externos a eles que tivessem as características de militância em sindicatos e partidos que faltavam no interior das comunidades analisadas. Dessa tentativa, que constitui-se numa observação não sistemática, foram recolhidos indícios de que a hipótese é correta: dos militantes sindicais e partidários foram ouvidas críticas à TV com um nível de elaboração e uma consistência ideológica raramente constatadas nas declarações dos trabalhadores de Lagoa Seca e Paicará. Mas muitas dessas pessoas, embora de origem operária ou mesmo ainda em exercício de trabalho proletarizado, já estavam cursando universidade ou tinham concluído curso superior, o que afetava seu poder de verbalização e sofisticava o caráter de sua análise. Além disso, a não sistematização da coleta de dados impede que qualquer afirmativa possa ser feita com relação a esta hipótese.

A hipótese final é a de que os efeitos do *Jornal Nacional* sobre a representação do real que os trabalhadores fazem não é tão decisiva a ponto de moldar opiniões, em especial no que se refere aos que militam em algum tipo de movimento social ou político.

A evidência é de que também neste caso, a hipótese pode ser comprovada. Os trabalhadores de Lagoa Seca e Paicará que foram observados nesta pesquisa demonstraram claramente que o *Jornal Nacional* é uma importantíssima, muitas vezes a única regular, fonte de informação para eles. Têm, inclusive, consciência de que, dependendo do caso, podem ser iludidos por completo pelo *JN*, podem tomar como correta uma notícia incorreta, podem deixar de conhecer um fato importante que eles gostariam de ter conhecido.

Mas, mesmo com esse poder extraordinário, o *Jornal Nacional* não é todo-poderoso. O contrapeso que pode faltar no momento de primeiro contato com uma notícia poderá vir no dia seguinte, no Sindicato, ou no fim de semana na Igreja. Mas, se o assunto for realmente importante para ele e sua categoria, a informação acabará chegando. Chegava até nos tempos da censura prévia à imprensa e televisão, nos tempos de pior repressão, como deixaria de chegar agora?

O poder do *Jornal Nacional* é enorme. Mas não suficientemente grande para que pessoas que o assistiram diariamente durante anos deixassem de ser militantes do Partido dos Trabalhadores, por exemplo. O *JN* jamais teve a mínima simpatia pelo PT. Mas nem por isso um milhão de pessoas que certamente se informavam por seu intermédio deixaram de votar nesse partido. E não se pode responsabilizar o *JN* por não terem sido mais.

O *JN* reforça pontos de vista de pessoas que concordam com ele. Mas é difícil encontrar quem concorde integralmente com ele. O *JN* não tem um poder de persuasão tão grande a ponto de fazer com que pessoas que já percebem alguns dos seus truques ideológicos mudem suas opiniões por causa daquilo que ouvem e vêem no televisor.

Assistir o *Jornal Nacional*, informar-se por seu intermédio, por vezes concordar com ele, gostar de determinadas notícias, nada disso significa que necessariamente a pessoa se deixou convencer por ele, sucumbiu a seus poderes persuasivos, deixou-se corromper, traiu a classe ou alienou-se.

Esta tese confirmou as hipóteses acima. Entretanto, mais do que isso, ensinou a seu autor que a estrutura do processo de recepção da televisão em comunidades de trabalhadores não é tão simples como a aparência e algumas teorias tentam fazer supor.

Ao seu final, é possível afirmar com Geertz que

> "A estrutura semântica da imagem não é apenas muito mais complexa do que parece na superfície, mas uma análise dessa estrutura força a reconstituição de uma multiplicidade de conexões referenciais entre ela e a realidade social, de forma que o quadro final é o de uma configuração de significados dissimilares a partir de cujo entrelaçamento se originam tanto o poder expressivo como a força retórica do símbolo final. Esse entrelaçamento é em si mesmo um processo social, uma ocorrência não *na cabeça*, mas naquele mundo político onde as pessoas falam umas com as outras, dão nome às coisas, fazem afirmativas e, num certo grau, compreendem umas às outras." [70]

Os trabalhadores de Lagoa Seca e Paicará que participaram desta pesquisa não eram alienados nem massa ignara. Eles falavam entre si, discutiam o que assistiam na TV e reelaboravam os conceitos que a TV veiculava, com base em suas experiências pessoais, confrontando-os com o que outras instituições lhes diziam a respeito dos mesmos assuntos, refletindo, trabalhando A pesquisa-ação ajudou-os a pensar os problemas do processo da indústria cultural com maior clareza. Este trabalho contribui para que as análises dos fenômenos da comunicação fujam dos esquemas simplistas dos gabinetes e caiam na vida real e complexa das pessoas que estão no mundo: é o que espera seu autor.

IX. Referências bibliográficas

1. M. Horkheimer e T. Adorno, "O Iluminismo como Mistificação das Massas". *In* Lima, Luiz Costa (org.), *Teoria da Cultura de Massa* (Rio de Janeiro, Paz e Terra, 1978), pp. 159-208.
2. P. Slater, *Origem e Significado da Escola de Frankfurt* (Rio, Zahar, 1978) e A. Swingewood, *O Mito da Cultura de Massa*, (Rio de Janeiro, Interciência, 1978).
3. P. Bourdieu, *A Economia das Trocas Simbólicas* (São Paulo, Perspectiva, 1974).
4. H. de Souza, "América Latina: A Internacionalização do Capital e o Estado na Obra de Autores Contemporâneos". *In* Maira, L. et all. *Améraca Latina: Novas Estratégias de Dominação* (Petrópolis, Vozes, 1980), pp. 57-86.
5. F. Fernandes, "Problemas de Conceituação das Classes Sociais na América Latina". *In* Zenteno, R. B. (coord.), *As Classes Sociais na América Latina* (Rio de Janeiro, Paz e Terra, 1977), p. 175.
6. *Id., ibid.*, p. 195.
7. *Id., ibid.*, p. 204.
8. J. M. de Melo, *Sociologia da Imprensa Brasileira* (Petrópolis, Vozes, 1973).
9. Brasil, Presidência da República, Secretaria de Imprensa e Divulgação, *Mercado Brasileiro de Comunicação* (Brasília, 2.ª ed., 1983), pp. 88, 13 e 61.
10. J. Esteinou M., "Meios de Comunicação e Construção da Hegemonia". *In* Lins da Silva, C. E. (coord.), *Comunicação, Hegemonia e Contra-Informação* (S. Paulo, Cortez/INTERCOM, 1982), p. 44.
11. Melo, J. M. de, "Leitura de Jornal: Privilégio da Elite Brasileira". "In" *Crítica da Informação* (ano I, n.º 1, abril de 1983), pp. 8-9.
12. Brasil, *Mercado, op. cit.*, p. 65.
13. Melo, J. M. de, "Leitura de Jornal", *op. cit.*, p. 9.
14. Brasil, *Mercado, op. cit.*, p. 23.
15. *Id., ibid.*
16. *id.,.ibid.*
17. A. Bárbara, "TV, Distante dos Dias de Crescimento", *O Estado de S. Paulo*, 27-11-1983.
18. *Id., ibid.*
19. Brasil, *Mercado, op. cit.*, p. 89.
20. J. D. Straubhaar, *The Transformation of Cultural Dependence: The Decline of American Influence on the Brazilian Television Industry* (PhD Thesis, The Fletcher School of Law and Diplomacy, 1981).

21. Brasil, *Mercado, op..cit.*, p. 89.
22. H. Almeida F.º *et. all.*, *O Ópio do Povo* (São Paulo, Símbolo, 1976), p. 27.
23. *Id.. ibid.*
24. S. Caparelli, *Televisão e Capitalismo no Brasil* (Porto Alegre, L & PM, 1982), p. 25.
25. Almeida F.º, H., *O Ópio, op. cit.*, p. 57.
26. E. J. Epstein, *News From Nowhere* (New York, Vintage Book, 1974), p. 91.
27. *Id., ibid.*, p. 93.
28. *Id., ibid.*
29. "Tratamento da Notícia em TV". "In" *Cadernos de Comunicação Proal* ano I, n.º 1, 1977), pp. 20-25.
30. A. Kientz, *Comunicação de Massa: Análise de Conteúdo* (Rio de Janeiro, Eldorado, 1975), pp. 144-5.
31. T. Gontijo, *Jornalismo na TV* (Rio de Janeiro, Tecnoprint, 1980), pp. 61-66.
32. T. van Dijk, "Discourse Analysis: Its Development and Application to the Structure of News". "In" *Journal of Communication* (vol. 33, n.º 2, Spring 1983), p. 29.
33. J. Stauffer et. all., "The Attention Factor in Recalling Network Television News". "In" *Journal of Communication* (vol. 33, n.º, 1, Winter 1983), pp. 29-37.
34. Dijk, T. van, "Discourse Analysis", *op. cit.*, p. 28.
35. D. C. Mota, "O Tempo no Telejornal". "In" *Comum* (vol. 2, n.º 8, 1981), pp. 65-69.
36. T. Whiteside, "O Processo Editorial da Televisão: Corredor de Espelhos". "In" *Cadernos de Jornalismo e Comunicação* (n.º 20, março de 1969), p. 26.
37. *Apud* E. Carvalho, "A Década do Jornal da Tranqüilidade". "In" *Anos 70: Televisão* (Rio de Janeiro, Europa, 1980), p. 31.
38. *Id., ibid.*, p. 38.
39. UNESCO, *Mass Media in Society: The Need of Research* (Paris, UNESCO Press, 1970), p. 9.
40. B. Berelson, P. Lazarsfeld e W. McPhee, "Political Process: The Role of the Mass Media". *In* Schramm, W. e Roberts, D. F. (eds). *The Process and Effects of Mass Communication* (Urbana, Un. of. Illinois Press, 1974), pp. 655-677.
41. J. Klapper, *The Effects of Mass Communication* (Nova Iorque, Free Press, 1960).
42. UNESCO, *Mass Media, op. cit.*, p. 10.
43. G. Comstock, *Television and Human Behavior: The Key Studies* (Santa Monica, Rand, 1975).
44. *Id., ibid.*, p. 15.
45. R. Hoggart, *As Utilizações da Cultura: Aspectos da Vida Cultural da Classe Trabalhadora* (Lisboa, Presença, 1975).
46. O. F. Leal, *A Leitura Social da Novela das Oito* (Dissertação de Mestrado em Antropologia Social, Universidade Federal do Rio Grande do Sul, versão preliminar, 1983), p. 31.
47. M. Mattelart e M. Piccini, "La Televisión y Los Sectores Populares". "In" *Comunicación y Cultura* (n.º 2, 1978), p. 6.
48. Mattelart, M., "Chile: Political Formation and Critical Reading of Television". *In* Mattelart, A. e Sieglaub, S. (eds.), *Communication and Class Struggle: Liberation, Socialism* (Londres, IG and IMMRC, 1983), p. 77.
49. Leal, O. F. *A Leitura Social, op. cit.*, p. 49.

50. M. Thiollent, *Crítica Metodológica, Investigação Social e Enquete Operária* (São Paulo, Polis, 1980); "Pesquisa-ação no Campo da Comunicação Sócio-Política". "In" *Comunicação & Sociedade* (ano II, n.º 4, outubro de 1980), pp. 63-80; "Televisão, Trabalho e Vida Cotidiana". "In" *Cadernos Intercom* (ano I, n.º 2, março de 1982), pp. 44-55; "Problemas de Metodologia da Pesquisa-ação". *In* Melo, J. M. de (coord.) *Teoria e Pesquisa em Comunicação: Panorama Latino-Americano* (São Paulo, Cortez/INTERCOM/CIID, 1983), pp. 130-7.
51. Thiollent, M., "Televisão", *op. cit.*, p. 44.
52. T. Gitlin, "Prime Time Ideology: The Hegemonic Process in Television Entertainment". *In* Newcomb, H. (ed.), *Television: The Critical View* Nova Iorque, Oxford Press, 1982), pp. 440-1.
53. H. Schmucler, "La Investigación sobre Comunicación Masiva". "In" *Comunicación y Cultura* (n.º 4, 1975), p. 13.
54. E. Laclau, *Política e Ideologia na Teoria Marxista* (Rio de Janeiro, Paz e Terra, 1978), p. 168.
55. J. M. Aguirre, "Consciência Ideológica e Formação Crítica da Consciência de Classe". "In" *Comunicação & Sociedade* (ano III, n.º 6, setembro de 1981), pp. 37-54.
56. *Id., ibid.*, p. 46.
57. Whiteside, T., "O Processo Editorial", *op. cit.*
58. Schmucler, H. "La Investigación", *op. cit.*, p. 5.
59. Bourdieu, P., *apud* Aracky Martins Rodrigues, *Operário, Operária* (São Paulo, Símbolo, 1981), p. 31.
60. Thiollent, M., *Crítica Metodológica*, *op. cit.*, pp. 41-78.
61. C. E. Lins da Silva, *Mass Media on Environmental Affairs: A Case Study in Santos, Brazil* (Thesis for the Degree of M. A., Michigan State University, 1976).
62. Thiollent, M. "Pesquisa-ação", *op. cit.*, p. 64.
63. *Id., Crítica Metodológica, op. cit.*
64. M. Chauí, "Os Trabalhos da Memória". *In* Bosi, E., *Memória e Sociedade: Lembranças de Velhos* (São Paulo, T. A. Queiroz, 1979), p. XXV.
65. Thiollent, M., "Pesquisa-ação", *op. cit.*, p. 64.
66. C. Geertz, *A Interpretação das Culturas* (Rio de Janeiro, Zahar, 1978), pp. 310-11.
67. S. Hall, *Encoding and Decoding the Television Discourse* (Birmingham, Un. of Birmingham, 1973), p. 11.
68. *Id., ibid.,*
69. L. Wilkins, "Information and the Definition of Deviance". In: Cohen, S. e Young, J. (eds.), *The Manufacture of News. Deviance, Social Problems and the Mass Media* (Londres, Constable, 1973), pp. 25-26.
70. Geertz, C., *A Interpretação*, *op. cit.*, p. 184.

X. Notas

A. Isso não significa que a Rede Globo tenha se livrado de todo tipo de influência dos Estados Unidos. Ao contrário, como explica Herber Schiller (em *Communication and Cultural Domination*, Nova Iorque, International Arts and Sciences Press, Inc., 1976), a partir de um determinado momento histórico (que coincide com o início das discussões sobre a Nova Ordem Mundial da Informação), passa a não mais interessar aos Estados Unidos possuir diretamente ou ter qualquer vínculo formal com organizações de comunicação na América Latina. Sua influência passa a ser indireta e determinadas empresas de comunicação latino-americanas passam a ocupar uma posição de "associada privilegiada" dos americanos. A Globo, sem dúvida, está entre elas, como pode ser comprovado pela abertura que encontra nos mercados internacionais para seus programas, incentivada pela distribuição de prêmios internacionais de grande valor. Não que os programas da Globo contemplados não os mereçam. Ao contrário: são de grande qualidade e é justo que se lhes reconheça o valor. Mas outras emissoras de TV em todo mundo, no Brasil inclusive, produzem programas de qualidade artística equivalente e não recebem os prêmios que a Globo recebe com fartura. Além disso, é importante para a estratégia cultural do capitalismo internacional que em países do Terceiro Mundo haja produtores de bens culturais que possam exportar seus produtos para outros países do Terceiro Mundo, função que a Globo exerce com grande eficiência com relação a toda a América Latina e parte da África.

B. O primeiro é o CBS News, dos Estados Unidos.

C. Uma boa análise crítica da história da pesquisa em comunicação, onde a tendência aqui apontada é bastante bem explicitada, é feita por José Marques de Melo (em *Comunicação Social: Teoria e Pesquisa*, Petrópolis, Vozes, 1970).

D. Um relato extensivo e de grande profundidade crítica de muitas dessas experiência é feito por Anamaria Fadul (em *Sobre a Recepção Crítica dos Meios de Comunicação no Brasil: Um Relato de Experiências*, São Paulo, INTERCOM, mimeo., 1982).

E. Como se sabe, no ano de 1983, foi publicado o livro *Margareth Mead and Samoa: Making and Unmaking of an Anthropological Myth*, de autoria do antropólogo Derek Freeman, no qual ele demonstra que as relações entre gerações nas Ilhas Samoa não são nem nunca foram pouco conflituosas, muito menos amistosas e desprovidas de desentendimentos como Margareth Mead relatara em sua tese de doutoramento no início do século. Freeman chegou à conclusão de que Mead fora enganada pelos habitantes de Samoa durante os meses que durou sua pesquisa de observação participante ali. Os nativos haviam encenado para ela um outro tipo de realidade, muito diferente do que ocorria na verdade. Um resumo do livro de Freeman pode ser encontrado na revista *Ciência Ilustrada* n.º 10 (1983), p. 88.

F. A pessoa foi a jornalista Lúcia Maria Araújo.

G. Uma das pessoas que mais tem atacado o método da pesquisa-ação com esse tipo de argumento é o sociólogo Cláudio Moura Castro, que é um dos diretores da CAPES. Suas críticas publicadas em *Veja* foram provavelmente o motivo que levaram Michel Thiollent a admitir alguns problemas com a pesquisa-ação em seu artigo "Problemas de Metodologia da Pesquisa-ação", em *Teoria e Pesquisa em Comunicação: Panorama Latino-Americano*, São Paulo, Cortez/INTERCOM/CIID, 1983, coordenado por José Marques de Melo.

H. Este problema foi sendo resolvido, ao longo da pesquisa, através de um exercício de autocontrole do pesquisador. Nas primeiras sessões, sua participação tendia a ser muito mais "professoral" do que nas seguintes. A vigilância sobre si próprio tornou-se mais severa quando o pesquisador percebeu que sua palavra fazia com que os líderes procurassem concordar com ele, em algumas ocasiões, para tentar levá-lo a influir no jogo de poder interno do grupo.

I. Com esta observação, o autor não quer insinuar que só haja machismo no Nordeste, embora afirme que ele é mais acentuado lá do que em outras áreas do País, como o Centro-Sul, nem que não haja uma injusta divisão do tempo dedicado a emissões nacionais de TV, a qual favorece os produtos culturais do Centro-Sul, embora acredite que nem sempre isso possa ter efeitos negativos sobre a audiência nordestina. Apesar de firmemente defender a necessidade de maior veiculação de produtos culturais regionais em todos os Estados, o autor crê que a hegemonia dos bens culturais de São Paulo-Rio de Janeiro na TV corresponde à hegemonia paulista-carioca na política, economia e cultura brasileiras contemporâneas. Também crê que há ocasião em que essa hegemonia pode ter aspectos muito saudáveis por permitir que se difunda nacionalmente padrões de comportamento que já são comuns e mais aceitáveis em Rio e São Paulo e ainda são tabus no Nordeste. No caso de *Malu Mulher*, o autor está convicto que tais padrões de comportamento devem ser disseminados e que o programa, enquanto durou, teve um papel louvável na condução de idéias capazes de levar a relações pessoais mais ricas e justas. Não quis atribuir sua retirada do ar exclusivamente à reação de setores conservadores no Nordeste. Todos os setores conservadores do País pressionaram para que a série deixasse de ser exibida.

J. Opiniões de que a indústria cultural, em especial a TV, tudo pode em relação a sua audiência são quase lugar-comum: podem ser ouvidas em discursos de lideranças políticas de todas as tendências ideológicas, pronunciamentos de autoridades de todos os poderes da República, em matérias jornalísticas, em salas de aula, púlpitos eclesiásticos e até conversas de bar. Trabalhos acadêmicos que as reafirmem também são constantes, embora — pelo menos no Brasil — poucos com evidência empírica que os sustente. Apenas para citar alguns exemplos: Sarah Chucid Da Viá (em *Televisão e Consciência de Classe*, Petrópolis, Vozes, 1977), que afirma que "o vídeo apresenta um conjunto de imagens trabalhadas... cuja apreensão é momentânea, de forma a persuadir rápida e transitoriamente o grande público..., o trabalhador é levado, por esses mecanismos..., a fazer parte da Sociedade de Consumo" (pp. 122-123); Carlos Rodolfo Améndola Ávila (em *A Teleinvasão*, São Paulo, Cortez, 1982), para quem o rádio e a TV "implantam-se e expandem-se no

Brasil, por meio de mecanismos de manipulação e dominação colonialista" (p. 14); Muniz Sodré (em *O Monopólio da Fala*, Petrópolis, Vozes, 1977), para quem "a ação do sistema televisivo é decididamente predatória com relação às formas populares de cultura" e "o monopólio da fala pelo sistema televisivo exerce a função de neutralização das possibilidades de expressão popular" (pp. 128-129); Gisela Taschner Goldstein (em "A Indústria Cultural Revisitada", *Revista de Cultura e Política*, n.º 7, 1982), que, embora amenize um pouco o tom apocalíptico do discurso frankfurtiano, reconhecendo-lhe alguns vícios e impropriedades, refere-se várias vezes à "dominação" da indústria cultural, que "se faz também embutida em um processo de produção industrial regido pela lógica do lucro e que usa de toda uma aparência de liberdade para complementar a opressão" (p. 115). Todos esses autores, e muitos outros, falham, na minha opinião, em sua análise por não conseguirem compreender nem deixar margem ao menos à possibilidade de que existam contradições tanto no processo de produção quanto no de recepção das mensagens da indústria cultural, como se procurou demonstrar ao longo deste trabalho.

XI. Fontes secundárias

ABEPEC, *Pesquisa sobre Televisão Brasileira*. Porto Alegre, ABEPEC, 1978.
Abranches, S. H., "Economia, Política e Democracia: Notas sobre a Lógica da Ação Estatal". "Iin" *Dados*, vol. 24, n.º 1, 1981, pp. 3-24.
Adams, R. C., "Newspapers and TV as News Information Media". "In" *Journalism Quarterly*, vol. 58, n.º 4, Winter 1981, pp. 529-533.
Adams, W. J. et all, "The Cancellation and Manipulation of Network Television Prime-Time Programs". "In" *Journal of Communication*, vol. 33, n.º 1, Winter 1983, pp. 10-28.
Adorno, T. W., "Televisão, Consciência e Indústria Cultural". *In* G. Cohn (org.), *Comunicação e Indústria Cultural*. São Paulo, CEN/EDUSP, 1971, pp. 346-354.
Adorno, T. W., "A Indústria Cultural". *In* G. Cohn (org.), *Comunicação, op. cit.*, pp. 287-295.
Adorno, T. W., "Tiempo Libre". "In" *Consígnas*. Buenos Aires, Amorrotu, 1969.
Aguirre, J. M., "Consciência Ideológica e Formação Crítica da Consciência de Classe". "In" *Comunicação & Sociedade* (ano III, n.º 6, setembro de 1981), pp. 37-54.
Almeida F.º, H. et all, *O Ópio do Povo: o Sonho e a Realidade*. São Paulo, Símbolo, 1976.
Althusser, L., *Posições*. Lisboa, Livros Horizontes, 1977.
Anast, P., "Personality Determinants of Mass Media Preference". "In" *Journalism Quarterly*, vol. 43, n.º 4, Winter 1966, pp. 729-732.
Ávila, C. R. A., *A Teleinvasão*. São Paulo, Cortez, 1982.
Azard, W. R., "Some Personal and Social Influences on Telecast Viewing". "In" *Public Opinion Quarterly*, vol. 26, n.º 4, Winter 1967, pp. 429-434.
Baggaley, J. P. e Duck, S. W., *Análisis del Mensaje Televisivo*. Barcelona, Gustavo Gili, 1979.
Baldelli, P., *Informazione e Contro-Informazione*. Milão, Mazzota, 1971.
Barbalato, B., "Perspectivas Sociológicas". "In" *Comunicación de Masas: Perspectivas y Métodos*, diversos autores. Barcelona, Gustavo Gili, 1978, pp. 55-80.
Bárbara, A., "TV, Distante dos Dias de Crescimento", *OESP* (27/11/83).
Barton, R. L., "Soap Operas Provide Meaningful Communication for the Elderly". "In" *Feedback*, vol. 19, n.º 3, 1977, pp. 5-8.
Barwise, T. P. et all, "Glued to the Box? Patterns of TV-Repeat-Viewing". "In" *Journal of Communication*, vol. 32, n.º 4, Autumn, 1982, pp. 22-29.

Belson, W. A., "Effects of Television on the Interests and Iniciative of Adult Viewers in Great London". "In" *British Journal of Psychology*, vol. 50, 1969, pp. 145-158.

Belson, W. A., "The Effects of Television Upon Family Life". "In" *Discovery*, vol. 2, n.º 10, 1960, pp. 1-10.

Bellotto, M. L. e Corrêa, A. M. M., *Mariátegui*. São Paulo, Ática, 1982.

Beltrán, L. R. e Cardona, E. F. de, *Comunicação Dominada*. Rio de Janeiro, Paz e Terra, 1982.

Beltrani, A., *Pense com sua Cabeça*. São Paulo, Paulinas, 1980.

Benjamin, W., "La Obra de Arte en la Época de la Reprodutibilidad Técnica". "In" *Discursos Interrumpidos I*, Madrid, Taurus, 1973.

Benjamin, W., *Understanding Brecht*. Londres, NLB, 1973.

Berelson, B., Lazarsfeld, P. e McPhee, W., "Political Process: The Role of the Mass Media". "In" Schramm, W. e Roberts, D. F. (eds.), *The Process and Effects of Mass Communication* (Urbana, University of Illinois Press, 1974), pp. 655-677.

Bliss Jr., E. e Patterson, J., *Writing News for Broadcast*. Nova Iorque, Columbia University Press, 1971.

Boletim Intercom n.º 33, outubro de 1981.

Boletim Intercom n.º 34, novembro/dezembro de 1981.

Boletim Intercom n.º 35, janeiro/fevereiro de 1982.

Boletim Intercom n.º 36, março/abril de 1982.

Boletim Intercom n.º 37, maio/junho de 1982.

Boletim Intercom n.º 38, julho/agosto de 1982.

Boletim Intercom n.º 39, setembro/outubro de 1982.

Boletim Intercom n.º 40, novembro/dezembro de 1982.

Bosi, E., *Memória e Sociedade: Lembranças de Velhos*. São Paulo, T. A. Queiroz, 1979.

Bourdieu, P., *A Economia das Trocas Simbólicas*. São Paulo, Perspectiva, 1974.

Bourdieu, P., *Questões de Sociologia*. Rio de Janeiro, Marco Zero, 1983.

Bourdieu, P. et all, *El Oficio de Sociólogo*. México, Siglo Veinteiuno, 1981.

Bower, R., *Television and the Public*. Nova Iorque, Rinehart and Winston, 1973.

Brandão, C. R. (org.), *Pesquisa Participante*. São Paulo, Brasiliense, 1981.

Brasil, Presidência da República, Secretaria de Imprensa e Divulgação, *Mercado Brasileiro de Comunicação*. Brasília, 2.ª edição, 1983.

Brecht, B., "Teoria de la Radio". "In" *El Compromiso en Literatura y Arte*. Barcelona, Peninsula, 1973.

Bresser-Pereira, L. C., *Estado e Subdesenvolvimento Industrializado*. São Paulo, Brasiliense, 1981.

Buci-Glucksman, C., *Gramsci e o Estado*. Rio de Janeiro, Paz e Terra, 1980.

Buerkel-Rothfuss, N. L. e Mayes, S., "Soap Opera Viewing: The Cultivation Effect". "In" *Public Opinion Quarterly*, vol. 36, n.º 2, 1972, pp. 200-212.

Burgoon, J., Burgoon, M. e Wilkinson, M., "Writing Style as a Predictor of News Television Viewing, Satisfaction and Image". "In" *Journalism Quarterly*, vol. 58, n.º 2, Summer, 1981, pp. 225-231.

Cadernos de Comunicação Proal n.º 1, 1977.

Cadernos de Comunicação Proal n.º 4, 1978.

Caldas, W., "O Consumo Estratificado da Produção Cultural". "In" *Encontros com a Civilização Brasileira* n.º 28, 1980, pp. 77-94.

Calvazara, E. e Celli, E., "Códigos Culturales, Lenguajes y Comunicaciones de Masas: Materiales para una Aproximación Antropológico-Semioótica". "In" *Comunicación de Masas*, op. cit., pp. 81-140.

Campedelli, S. Y., "A Seguir Mais um Campeão de Audiência". "In" *Almanaque* n.º 14, 1982, pp. 23-28.
Canclini, N. G., "Políticas Culturais na América Latina". "In" *Novos Estudos CEBRAP*, vol. 2, n.º 2, julho de 1983, pp. 39-51.
Canclini, N. G., "Teoria da Superestrutura e Sociologia das Vanguardas Artísticas". "In" *Encontros com a Civilização Brasileira*, n.º 18, 1979, pp. 71-98.
Canclini, N. G., *A Socialização da Arte*. São Paulo, Cultrix, 1980.
Caparelli, S., *Televisão e Capitalismo no Brasil*. Porto Alegre, L&PM, 1982.
Caparelli, S., "Televisão e Mobilização Popular". "In" *Cadernos Intercom*, n.º 2, março de 1982, pp. 56-64.
Caparelli, S., *Comunicação de Massa sem Massa*. São Paulo, Cortez, 1980.
Cardoso, F. H., *Autoritarismo e Democratização*. Rio de Janeiro, Paz e Terra, 1975.
Cardoso, F. H., *Mudanças Sociais na América Latina*. São Paulo, Difel, 1968.
Cardoso, F. H., "O Estado na América Latina". *In* Paulo Sérgio Pinheiro (coord.), *O Estado na América Latina*. Rio de Janeiro, Paz e Terra, 1977, pp. 79-99.
Carvalho, E., Kehl, M. R. e Ribeiro, S. N., *Anos 70: Televisão*. Rio de Janeiro, Europa, 1980.
Casasus, J. M., *Ideología y Análisis de Medios de Comunicación*. Barcelona, DOPESA, 1972.
Cassata, M., Skill, T. e Boadu, O., "In Sickness and Health". "In" *Journal of Communication*, vol. 29, n.º 4, 1979, pp. 73-80.
Castells, M., "Comentário: A Teoria Marxista das Classes Sociais e a Luta de Classes na América Latina". *In* Raúl Benítez Zenteno (coord.), *As Classes Sociais na América Latina*. Rio de Janeiro, Paz e Terra, 1977, pp. 145-172.
Cazeneuve, J., *El Hombre Telespectador*. Barcelona, G. Gili, 1977.
Cazeneuve, J., *Les Pouvoirs de la Télévision*. Paris, Gallimard, 1970.
Ceccon, C., "Uma Nova Linguagem de Comunicação Social". *In* Paulo Freire et all, *Vivendo e Aprendendo*. São Paulo, Brasiliense, 1981, pp. 107-122.
Centre for Contemporary Cultural Studies da University of Birmingham, *Da Ideologia*. Rio de Janeiro, Zahar, 1979.
Chauí, M., "Cultura do Povo e Autoritarismo das Elites". "In" *A Cultura do Povo*. São Paulo, Cortez & Morais, 1979, pp. 34-39.
Chucid Da Viá, S., *Televisão e Consciência de Classe*. Petrópolis, Vozes, 1977.
Ciclo de Debates do teatro Casa Grande, Rio de Janeiro, Inúbia, 1976.
CIESPAL, *Rádio, TV y Cultura en América Latina*. Quito, CIESPAL, s/d.
Clark, W., *Depoimento*. Rio de Janeiro, Cultura, s/d.
Cohn, G., *Comunicação e Indústria Cultural*, op. cit.
Colombo, F., *Televisión: La Realidad como Espectáculo*. Barcelona, G. Gili, 1976.
Comparato, D., *Roteiro: Arte e Técnica de Escrever para Cinema e Televisão*. Rio de Janeiro, Nórdica, 1983.
Compesi, R., "Gratifications of Daytime TV Serials Viewer". "In" *Journalism Quarterly*, vol. 57, n.º 1, Spring 1980, pp. 155-158.
Comstock, G., *Television and Human Behavior: The Key Studies*. Santa Barbara, Rand, 1975.
Coutinho, C. N., "Cultura e Democracia no Brasil". "In" *Encontros com a Civilização Brasileira*, n.º 17, 1979, pp. 19-38.
Csikszentmihalyi, M. e Kubey, R., "Television and the Rest of Life: A Systematic Comparison of Subjective Experience". "In" *Public Opinion Quarterly*, vol. 45, n.º 3, 1981, pp. 317-328.
De Fleur, M. *Theories of Mass Communication*. Nova Iorque, David McKay Co., 1970.
Debert, G. G., *Ideologia e Populismo*. São Paulo, T. A. Queiroz, 1979.

Dines, A., *O Papel do Jornal*. Rio de Janeiro, Artenova, 1974.

Djik, T. V., "Discourse Analysis". "In" *Journal of Communication*, vol. 33, n.º 2, Spring, 1983, pp. 20-43.

Dorfman, A. e Jofré, M., *Super-Homem e Seus Amigos do Peito*. Rio de Janeiro, Paz e Terra, 1978.

Dorfman, A. e Mattelart, A., *Para Ler o Pato Donald*. Rio de Janeiro, Paz e Terra, 1977.

Downing, M., "Heroine of the Daytime Serial". "In" *Journal of Communication*, vol. 24, n.º 2, 1974, pp. 130-137.

Durhan, E., "A Dinâmica Cultural na Sociedade Moderna". "In" *Arte em Revista*, n.º 3, março de 1980, pp. 10-23.

Durhan, E. e Cardoso, R., "Elaboração Cultural e Participação Social em Populações de Baixa Renda". "In" *Ciência e Cultura*, n.º 29, fevereiro de 1977, pp. 171-177.

Durkheim, E., *As Regras do Método Sociológico*. São Paulo, Nacional, 1977.

Duverger, M., *Métodos de las Ciencias Sociales*. Barcelona, Ariel, 1961.

Eco, U., *Como Se Faz uma Tese em Ciências Humanas*. Lisboa, Presença, 1980.

Editora Abril, *Nosso Século*, vol. 51, 1980.

Editora Abril, *Nosso Século*, vol. 52, 1980.

Elliot, W. e Slater, D., "Exposure, Experience and Perceived TV Reality for Adolescents". "In" *Journalism Quarterly*, vol. 57, n.º 3, 1980, pp. 409-414.

Engels, F., *A Origem da Família, da Propriedade Privada e do Estado*. Rio de Janeiro, Civilização Brasileira, 1977.

Enzensberger, H. M., *Elementos para uma Teoria dos Meios de Comunicação*. Rio de Janeiro, Tempo Brasileiro, 1978.

Enzensberger, H. M., "Television and the Politics of Liberation". "In" *The New Television:A Public/Private Art*. Cambridge, The MIT Press, 1977.

Epstein, E. J., *News From Nowhere*. Nova Iorque, Random House, 1974.

Espinosa, J. G., "Por un Cine Imperfecto". "In" *Comunicación y Cultura*, n.º 1, 1977.

Esteinou M., J., "Meios de Comunicação e Construção da Hegemonia". *In* C. E. Lins da Silva (coord.), *Comunicação, Hegemonia e Contra-Informação*. São Paulo, Cortez/INTERCOM, 1982, pp. 41-58.

Fadul, A., "Hegemonia e Contra-Informação: Por uma Nova Práxis da Comunicação". "In" *Comunicação, op. cit.*, pp. 25-40.

Fadul, A., *O Futuro no Presente: Perspectivas para uma Teoria dos Meios de Comunicação de Massa*. Tese de doutoramento apresentada à Faculdade de Filosofia, Letras e Ciências Humanas da Universidade de São Paulo, 1980.

Fadul, A., "Dependência da Cultura Regional: A Influência do Rádio e da TV". *In* José Marques de Melo (org.), *Comunicação e Incomunicação no Brasil*. São Paulo, Loyola, 1976, pp. 49-54.

Fanon, F., *Sociología de una Revolución*. México, Era, 1976.

Federico, M. E. B., *História da Comunicação: Rádio e TV no Brasil*. Petrópolis, Vozes, 1982.

Fernandes, F., "Tarefas dos Intelectuais na Revolução Democrática". "In" *Econtros com a Civilização Brasileira*, n.º 14, 1979, pp. 12-36.

Fernandes, F., *Capitalismo Dependente e Classes Sociais na América Latina*. Rio de Janeiro, Zahar, 1981.

Fernandes, F., "Problemas de Conceituação das Classes Sociais na América Latina". "In" *As Classes Sociais, op. cit.*, pp. 173-246.

Fernandes, I., *Memória da Telenovela Brasileira*. São Paulo, Proposta, 1982.

Ferreira, M. N., *A Imprensa Operária no Brasil*. Petrópolis, Vozes, 1978.

Festa, R. D., "Comunidades Eclesiais de Base e Comunicação". "In" *Comunicação, op. cit.*, pp. 173-190.
Festa, R. D., "Peru: Burguesia (re)Expropria Imprensa Nacionalista". "In" *Cadernos Intercom*, n.º 3, 1982, pp. 43-69.
Festa, R. D., "Jornalismo das Catacumbas na Nicarágua". "In" *Comunicação & Sociedade*, n.º 5, 1981, pp. 35-42.
Fine, M. G., "Soap Opera Conversations: The Talk That Binds". "In" *Journal of Communication*, vol. 31, n.º 3, 1981, pp. 215-231.
Fireman, J., *TV Book*. Nova Iorque, Workman, 1977.
Fischer, R. M. B., *O Mito na Sala de Jantar*. Tese de Mestrado, Fundação Getúlio Vargas, São Paulo, 1982.
Flichy, P., *Las Multinacionales del Audiovisual*. Barcelona, G. Gili, 1982.
Furtado, C., *Criatividade e Dependência na Civilização Industrial*. Rio de Janeiro, Paz e Terra, 1978.

Gadotti, M., "A Televisão como Educador Permanente das Classes Trabalhadoras". "In" *Cadernos Intercom*, n.º 2, *op. cit.*, pp. 65-72.
Gaillard, P., *O Jornalismo*. Lisboa, Europa-América, 1974.
Gerbner, G., "Os Meios de Comunicação de Massa e a Teoria da Comunicação Humana". In France Dance (org.), *Teoria da Comunicação Humana*. São Paulo, Cultrix, 1973.
Gerbner, G. et all, "The Demonstration of Power: Violence Profile". "In" *Journal of Communication*, vol. 29, n.º 1, 1979, pp. 177-196.
Geertz, C., *A Interpretação das Culturas*. Rio de Janeiro, Zahar, 1978.
Gitlin, T., "Prime Time Ideology: The Hegemonic Process in Television Entertainment". *In* Newcomb, H. (ed.), *Television: The Critical View*. Nova Iorque, Oxford Press, 1982, pp. 426-450.
Contijo, T., *Jornalismo na TV*. Rio de Janeiro, Tecnoprint, 1980.
Gramsci, A., *Os Intelectuais e a Organização da Cultura*. Rio de Janeiro, Civilização, 1978.
Gramsci, A., *Literatura e Vida Nacional*. Rio de Janeiro, Civilização, 1978.
Gramsci, A., *Maquiavel, a Política e o Estado Moderno*. Rio de Janeiro, Civilização, 1978.
Gramsci, A., *Obras Escolhidas*. São Paulo, Martins Fontes, 1978.
Graziano, M., "Los Dueños de la Televisión Argentina". "In" *Comunicación y Cultura*, n.º 3, 1974, pp. 175-212.
Greenberg, B. S., "Do People Watch Television or Programs?". "In" *Journal of Broadcasting*, vol. 12, Winter, 1968, pp. 367-376.
Grossberg, L., "Interpreting the 'Crisis' In Communication Theory". "In" *Journal of Communication*, vol. 29, Winter, 1979, pp. 56-68.
Gruppi, L., *O Conceito de Hegemonia em Gramsci*. Rio de Janeiro, Graal, 1978.
Guatarri, F., *Revolução Molecular: Pulsação Política do Desejo*. São Paulo, Brasiliense, 1981.
Guzzo de Decca, M. A., "Alguns Aspectos da Vida Operária em São 1927-1934". "In" *Plural*, n.º 3, 1979, pp. 26-41.

Hall, S., *Encoding and Decoding the Television Discourse*. Birmingham, Un. of Birmingham, 1973.
Hertzog, H., "On Borrowed Experiences: An Analysis of Listening to Daytime Sketches". "In" *Studies in Philosophy and Social Sciences*, vol. 9, 1941, pp. 65-95.
Hirano, S., *Pesquisa Social: Projeto de Planejamento*. São Paulo, TAQ, 1979.
Hirsch, J., "Observações Teóricas sobre o Estado Burguês e Sua Crise". *In* N. Poulantzas (coord.), *A Crise do Estado*. Lisboa, Moraes, 1978, pp. 85-108.

Hobsbawm, E., "Las Clases Obreras Inglesas y La Cultura Desde los Comienzos de la Revolución Industrial". *In* L. Bergeron (org.), *Niveles de Cultura y Grupos Sociales*. México, Siglo Veinteiuno, 1977, pp. 197-208.

Hobsbawm, E., *A Era do Capital*. Rio de Janeiro, Paz e Terra, 1979.

Hoffstetter, R. e Buss, T., "Motivation for Viewing Two Types of TV Programs". "In" *Journalism Quarterly*, vol. 58, n.º 1, Spring, 1981, pp. 99-102.

Hoggart, R., *As Utilizações da Cultura: Aspectos da Vida Cultural da Classe Trabalhadora*. Lisboa, Presença, 1975.

Horkheimer, M. e Adorno, T., "O Iluminismo como Mistificação das Massas". *In* Lima, L. C. (org.), *Teoria da Cultura de Massa*. Rio de Janeiro, Paz e Terra, 1978, pp. 159-208.

Ianni, O., *Imperialismo Cultural*. Petrópolis, Vozes, 1976..

Innocentini, M., *O Conceito de Hegemonia em Gramsci*. São Paulo, Tecnos, 1979.

Janowitz, M., *Os Elementos Sociais do Urbanismo*. Rio de Janeiro, Forum, 1971.

Katchaturov, K. A., *A Expansão Ideológica dos EUA na América Latina*. Rio de Janeiro, Civilização, 1980.

Katz, E. e Foulkes, D., "On the Use of Mass Media as Escape". "In" *Public Opinion Quarterly*, vol. 26, n.º 3, 1962, pp. 220-212.

Katzman, N., "TV Soap Opera: What's Been Going on Anyway?". "In" *Public Opinion Quarterly*, vol. 36, n.º 2, 1972, pp. 377-388.

Kientz, A., *Comunicação de Massa: Análise de Conteúdo*. Rio de Janeiro, Eldorado, 1973.

Kinzer, N. S., "Soapy Sin in the Afternoon". "In" *Psychology Today*, agosto de 1977, pp. 46-48.

Klapper, J., *The Effects of Mass Communication*. Nova Iorque, The Free Press, 1960.

Kress, G. et all, "Media and Discourse". "In" *Media Information Australia*, n.º 28, maio de 1983, pp. 3-11.

Ksobiech, K. et all, "Vizualization Mode, Perceived Immediacy and Audience Evaluation of TV News". "In" *Journalism Quarttrly*, vol. 57, n.º 1, Spring, 1980, pp. 55-60.

Laclau, E., *Política e Ideologia na Teoria Marxista*. Rio de Janeiro, Paz e Terra, 1978.

Lage, N., *Ideologia e Técnica da Notícia*. Petrópolis, Vozes, 1979.

Lambert, J., *América Latina*. São Paulo, Nacional/EDUSP, 1979.

Leal F.º, L., "A Ação Possível na Indústria Jornalística". "In" *Comunicação*, op. cit., pp. 117-120.

Leal, O. F., *A Novela das Oito*. Porto Alegre, Mestrado em Antropologia Social da UFRS, mimeo., 1983.

Lenin, V., *Que Fazer?*. São Paulo, Hucitec, 1978.

Lenin, V., *Informação de Classe*. Lisboa, Iniciativas Editoriais, 1975.

Lenin, V., *Tesis sobre la Cultura Proletária*. Madrid, Júcar, 1975.

Lima, L. C., "Da Existência Precária: o Sistema Intelectual no Brasil". "In" *Ensaios de Opinião* (2-5), 1978, pp. 23-31.

Lima, L. C. (org.), *Teoria da Cultura de Massa*. Rio de Janeiro, Paz e Terra, 1978.

Lima, M. P., *Inquérito Sociológico*. Lisboa, Presença, 1981.

Lins da Silva, C. E., *Comunicação, Hegemonia e Contra-Informação*, op. cit.

Lins da Silva, C. E., "Jornalismo Popular no Rio Grande do Norte". "In" *Comunicação & Sociedade*, n.º 6, 1981, pp. 61-78.

Lins da Silva, C. E., "Indústria Cultural e Cultura Brasileira: Pela Utilização do Conceito de Hegemonia Cultural". "In" *Encontros com a Civilização Brasileira*, n.º 25, 1980, pp. 167-194.
Lins da Silva, C. E., "Estado, Sociedade Civil e Comunicação na América Latina". "In" *Cadernos Intercom*, n.º 3, 1982, pp. 5-32.
Lins da Silva, C. E., "Comunicação Transnacional e Cultura Brasileira". "In" *Comunicação & Sociedade*, n.º 9, 1983, pp. 3-34.
Macchiocchi, M., *A Favor de Gramsci*. Rio de Janeiro, Paz e Terra, 1978.
Macedo, C. C., "Algumas Observações sobre a Cultura do Povo". "In" *A Cultura do Povo*, op. cit., pp. 34-39.
Machado, M. B., "Ideologia, Socialização Política e Dominação". "In" *Dados*, vol. 23, n.º 2, 1980, pp. 131-150.
Magnani, J. G. C., "Ideologia, Lazer e Cultura Popular". *Ibid.*, pp. 171-184.
Mantega, G. e Moraes, M., *Acumulação Monopolista e Crises no Brasil*. Rio de Janeiro, Paz e Terra, 1979.
Marx, K., *A Liberdade de Imprensa*. Porto Alegre, L&PM, 1980.
Massing, M., "Blackout in Television". "In" *Columbia Journalism Review*, nov./dez. de 1982, pp. 38-45.
Marcondes F.º, C., "Imperialismo Cultural, o Grande Vilão na Destruição de Nossa Cultura". "In" *Comunicação & Sociedade*, n.º 9, 1983, pp. 78-84.
Marcuse, H., *A Ideologia da Sociedade Industrial*. Rio de Janeiro, Zahar, 1968.
Marcuse, H., *Eros e a Civilização*. Rio de Janeiro, Zahar, 1972.
Martin B., J., *Comunicación Masiva: Discurso y Poder*. Quito, Epoca, 1978.
Martin B., J., *Apuntes para uma História de las Matrices Culturales de la Massmediación*. Lima, Mimeo., 1982.
Matta, F. R., "The Concept of News in Latin America: Dominant Values and Perspectives of Change". "In" *News Values and Principles of Cross-Cultural Communication*, Paris, UNESCO, 1980.
Mattelart, A., *Frentes Culturales y Movilización de Masas*. Barcelona, Anagrana, 1977.
Mattelart, A., *La Comunicación Masiva en el Proceso de Liberación*. México, Siglo Veinteiuno, 1978.
Mattelart, A. et all, *Los Medios de Comunicación de Masas*. Buenos Aires, El Cid, 1976.
Mattelart, A. e Sieglaub, S., *Communication and Class Struggle*. Londres, IMRC, 1979.
Mattelart, M. e Piccini, M., "La Televisión y los Sectores Populares". "In" *Comunicación y Cultura*, n.º 2, 1978, pp. 3-76.
Mattelart, M., "Chile: Political Formation and Critical Reading of Television". *In*: Mattelart, A. e Sieglaub, S. (eds.), *Communication and Class Struggle: Liberation, Socialism*. Londres, IG e IMMRC, 1983, pp. 75-83.
Mattos, S., "Publicidade e Influência Governamental na Televisão Brasileira". "In" *Comunicação & Sociedade*, n.º 9, 1983, pp. 94-119.
McAnany, E., "A Lógica da Indústria Cultural na América Latina". *Ibid.*, pp. 35-60.
Melo, J. M., *Telemania, Anestésico Social*. São Paulo, Loyola, 1981.
Melo, J. M., "Escapismo e Dependência na Programação da TV Brasileira". "In" *Comunicação & Sociedade*, n.º 5, 1981, pp. 147-160.
Melo, J. M., *Sociologia da Imprensa Brasileira*. Petrópolis, Vozes, 1973.
Melo, J. M., *Comunicação e Classes Subalternas*. São Paulo, Cortez/INTERCOM, 1980.
Melo, J. M., *Subdesenvolvimento, Urbanização e Comunicação*. Petrópolis, Vozes, 1975.
Melo, J. M., "A Televisão como Instrumento de Neocolonialismo: Evidências do Caso Brasileiro". "In" *Comunicação & Sociedade*, n.º 1, 1979, pp. 167-182.

Miceli, S., *A Noite da Madrinha*. São Paulo, Perspectiva, 1972.
Milanesi, L. A., *O Paraíso Via Embratel*. Rio de Janeiro, Paz e Terra, 1978.
Miranda, O., *Tio Patinhas e os Mitos da Comunicação*. São Paulo, Summus, 1976.
Moles, A. *et all, Linguagem da Cultura de Massas*. Petrópolis, Vozes, '973.
Molotch, H. *et all, The Media Policy Connection*: Ecologies of News. Santa Barbara, Un. of California, mimeo., 1982.
Monteiro, M., "A História da TV no Brasil". "In" *Comunicação*, n.º 29, 1983, pp. 23-27.
Morán, J. M., "Contradições e Perspectivas da Televisão Brasileira". "In" *Cadernos Intercom*, n.º 2, 1982, pp. 5-28.
Moreira, R. S. C., *Teoria da Comunicação*: Ideologia e Utopia. Petrópolis, Vozes, 1979.
Mota, C. G., *A Ideologia da Cultura Brasileira*. São Paulo, Ática, 1977.
Mota, D. C., "O Tempo no Telejornal". "In" *Comum*, n.º 8, 1981, pp. 65-69.
Mulder, R., "A Long Linear Analysis of Media Credibility". "In" *Journalism Quarterly*, vol. 58, n.º 4, Winter, 1979, pp. 865-867.
Newsweek, "Um Hiato na Credibilidade da Televisão". "In" *Cadernos de Jornalismo e Comunicação*, n.º 17, dezembro de 1968, pp. 14-16.
Norden, A., *A Função Política da Contra-Informação Imperialista*. Lisboa, Estampa, 1978.
Novais, A., "O Debate Ideológico e a Questão Cultural". "In" *Encontros com a Civilização Brasileira*, n.º 12, 1979, pp. 215-224.
Nun, J., "Os Golpes Militares da Classe Média". *In* Claudio Veliz (coord.), *América Latina*: Estruturas em Crise. São Paulo, IBRASA, pp. 77-129.
Nun, J., "Superpoblación Relativa, Ejército Industrial de Reserva y Masa Marginal". "In" *Revista Latino-Americana de Sociologia*, n.º 2, 1969, pp. 178-235.
Nunes, G., *Catumbi*: Rebelião de um Povo Traído. Petrópolis, Vozes, 1978.
O'Donnell, G., "Anotações para uma Teoria do Estado". "In" *Revista de Cultura e Política*, n.º 3, 1980/81, pp. 71-94.
Oliveira Nunes, E., *A Aventura Sociológica*. Rio de Janeiro, Zahar, 1978.
Oliven, R. G., "A Heterogeneidade da Homogeneização". *In* E. Blay (coord.), *A Luta pelo Espaço*. Petrópolis, Vozes, 1978, pp. 89-107.
Ortiz, R., *A Consciência Fragmentada*. Rio de Janeiro, Paz e Terra, 1980.
Paoli, M. C., "Incomunicação Urbana: Apatia e Marginalidade". *In* J. M. Melo (org.), *Comunicação & Incomunicação no Brasil*. São Paulo, Loyola, 1976, pp. 105-114.
Paoli, M. C., *Desenvolvimento e Marginalidade*. Rio de Janeiro, Zahar, 1974.
Paoli, N., "Os Intelectuais, Hegemonia e Ideologia: uma Proposta de Discussão". "In" *Comunicação, op. cit.*, pp. 71-76.
Peixoto, F., "A Televisão Segundo Brecht". "In" *Teatro em Pedaços*. São Paulo, Hucitec, 1980.
Pereira, C. A. M. e Miranda, R., *Televisão*. São Paulo, Brasiliense, 1983.
Portelli, H., *Gramsci e o Bloco Histórico*. Rio de Janeiro, Paz e Terra, 1977.
Poulantzas, N., *O Estado, o Poder, o Socialismo*. Rio de Janeiro, Graal, 1980.
Priolli, G., "A TV para o Bem do Brasil". "In" *Comunicação, op. cit.*, pp. 107-106.
Priolli, G., "Obscuras Imagens do Mundo". "In" *Crítica da Informação*, n.º 3, ag./set. de 1983, pp. 46-51.

Ricoeur, P., *Da Interpretação*. Rio de Janeiro, Imago, 1977.
Rodrigues, A. M., *Operário, Operária*. São Paulo, Símbolo, 1978.
Rosemberg, B. e White, D. (orgs.), *Cultura de Massa*. São Paulo, Cultrix, 1973.

Rossi, C., *O Que é Jornalismo*. São Paulo, Brasiliense, 1981.
Rubin, A., "A Multivariated Analysis of *60 Minutes* Viewig Motivations". "In" *Journalism Quarterly*, vol. 58, n.º 4, 1981, pp. 529-533.
Salem, M. E., *A Outra Imagem do Jornal Nacional*. Fortaleza, Universidade Federal do Ceará, mimeo., 1979.
Sampaio, W., *Jornalismo Audiovisual*. Petrópolis, Vozes, 1971.
Santoro, L. F., "Rádios Livres: O Uso Popular da Tecnologia". "In" *Comunicação & Sociedade*, n.º 6, 1981, pp. 97-104.
Sarques, J., *A Ideologia Sexual dos Gigantes*. Tese de Mestrado, Universidade de Brasília, 1981.
Sarti, I., "Comunicações e Dependência Cultural: Um Equívoco". *In* J. Werthein (org.), *Meios de Comunicação: Realidade e Mito*. São Paulo, Nacional, 1979, pp. 231-251.
Schiller, H., *O Império Norte-Americano das Comunicações*. Petrópolis, Vozes, 1976.
Schmucler, H., "La Investigación sobre Comunicación Masiva". "In" *Comunicación y Cultura*, n.º 4, 1975, pp. 3-14.
Servan-Schreiber, J. L., *O Poder da Informação*. Lisboa, Europa-América, 1974.
Slater, P., *Origem e Significado da Escola de Frankfurt*. Rio de Janeiro, Zahar, 1978.
Souza, H. de, "América Latina: A Internacionalização do Capital e o Estado na Obra de Autores Contemporâneos". "In" *América Latina: Novas Estratégias de Dominação*. Petrópolis, Vozes, 1980.
Stauffer, J., "The Attention Factor in Recalling Network TV News". "In" *Journal of Communication*, 33 (n.º 1, 1983), pp. 29-37.
Straubhaar, J., "O Declínio da Influência Americana na TV Brasileira". "In" *Comunicação & Sociedade*, n.º 9, 1983, pp. 61-77.
Swingewood, A., *O Mito da Cultura de Massa*. Rio de Janeiro, Interciência, 1979.
Tarroni, E., "Perspectivas Actuales en los Estudios de Comunicaciones de Masas". "In" *Comunicación*, op. cit., pp. 9-22.
Toussaint, N., *A Economia da Informação*. Rio de Janeiro, Zahar, 1979.
Teodoro, G., *Jornalismo na TV*. Rio de Janeiro, Tecnoprint, 1980.
Thiollent, M., "Pesquisa-ação no Campo da Comunicação Sócio-Política". "In" *Comunicação & Sociedade*, n.º 4, 1980, pp. 63-80.
Thiollent, M., *Crítica Metodológica, Investigação Social e Enquete Operária*. São Paulo, Polis, 1980.
Thiollent, M., "Televisão, Trabalho e Vida Cotidiana". "In" *Cadernos Intercom*, n.º 2, 1982, pp. 44-55.
UNESCO, *Mass Media and Society: The Need of Research*. Paris, 1970.
Taufic, C., *Periodismo y Lucha de Clases*. Madrid, Akal, 1976.
Tranjan, G., *Melhores Momentos*. Rio de Janeiro, Rio Gráfica, 1979.
Trotsky, L., *Questões do Modo de Vida*. Lisboa, Antídoto, 1979.
Walger, S. e Ulanovsky, C., *TV Guia Negra*. Buenos Aires, La Flor, 1979.
Werthein, J., *Meios de Comunicação: Realidade e Mito*, op. cit.
Whiteside, T., "O Processo Editorial da Televisão: Corredor de Espelhos". "In" *Cadernos de Jornalismo e Comunicação*, n.º 20, 1968.
Williams, R., *Marxismo e Literatura*. Rio de Janeiro, Zahar, 1979.
Wilkins, L., "Information and the Definition of Deviance". *In* Cohen, S. e Yong, J. (eds.), *The Manufacture of News. Deviance, Social Problems and Mass Media*. Londres, Constable, 1973.

XII. Fontes primárias

Boa parte das informações sobre a Rede Globo de Televisão e o *Jornal Nacional* foram obtidas através de entrevistas com funcionários daquela empresa os quais, entretanto, só concordaram em concedê-las caso seus nomes não fossem revelados. Nos dias 3 e 4 de novembro de 1983, na redação do Departamento de Telejornalismo da Globo no Rio de Janeiro, foram entrevistados dois editores, um repórter e um membro da coordenação nacional de produção do *Jornal Nacional*. Em diferentes ocasiões nos meses de setembro, outubro e novembro de 1983, foram entrevistados integrantes dos departamentos de Jornalismo e Comercial da Globo em São Paulo.

As informações dos grupos do Paicará e Lagoa Seca foram fornecidas através das "sessões de trabalho", reuniões semanais (aos sábados em Lagoa Seca e domingos no Paicará), ao longo dos meses de abril de 1980 a fevereiro de 1981 (em Lagoa Seca) e de junho de 1981 a maio de 1982 (no Paicará), sendo que a observação mais sistemática deu-se, respectivamente, entre agosto de 1980 e fevereiro de 1981 e de setembro de 1981 a março de 1982. As contribuições principais foram dadas pelas pessoas relacionadas nas pp. 90 e 91 deste trabalho, embora outros membros das comunidades tenham contribuído sem que seus nomes tivessem sido registrados.

São Paulo, dezembro de 1983

NOVAS BUSCAS EM COMUNICAÇÃO
VOLUMES PUBLICADOS

1. *Comunicação: teoria e política* — José Marques de Melo.
2. *Releasemania — uma contribuição para o estudo do release no Brasil* — Gerson Moreira Lima.
3. *A informação no rádio — os grupos de poder e a determinação dos conteúdos* — Gisela Swetlana Ortriwano.
4. *Política e imaginário nos meios de comunicação para massas no Brasil* — Ciro Marcondes (organizador).
5. *Marketing político governamental — um roteiro para campanhas políticas e estratégias de comunicação* — Francisco Gaudêncio Torquato do Rego.
6. *Muito além do jardim botânico* — Carlos Eduardo Lins da Silva.
7. *Diagramação — o planejamento visual gráfico na comunicação impressa* — Rafael Souza Silva.
8. *Mídia: o segundo Deus* — Tony Schwartz.
9. *Relações públicas no modo de produção capitalista* — Cicilia Krohling Peruzzo.
10. *Comunicação de massa sem massa* — Sérgio Caparelli.
11. *Comunicação empresarial/comunicação institucional* — Francisco Gaudêmio Torquato do Rego.
12. *O Processo de relações públicas* — Hebe Wey.
13. *Subsídios para uma teoria da comunicação de massa* — Luiz Beltrão e Newton de Oliveira Quirino.
14. *Técnica de reportagem — notas sobre a narrativa jornalística* — Muniz Sodré e Maria Helena Ferrari.
15. *O papel do jornal — uma releitura* — Alberto Dines.
16. *Novas tecnologias de comunicação — impactos políticos, culturais e socioeconômicos* — Anamaria Fadul (coordenadora).

17. *Planejamento de relações públicas na comunicação integrada* — Margarida Maria Krohling Kunsch.
18. *Propaganda para quem paga a conta — do outro lado do muro, o anunciante* — Plinio Cabral.
19. *Do jornalismo político à indústria cultural* — Gisela Taschner Goldenstein.
20. *Projeto gráfico — teoria e prática da diagramação* — Antonio Celso Collaro.
21. *A retórica das multinacionais — a legitimação das organizações pela palavra* — Tereza Lúcia Halliday.
22. *Jornalismo empresarial* — Francisco Gaudêncio Torquato do Rego.
23. *O jornalismo na nova república* — Cremilda Medina (organizadora).
24. *Notícia: um produto à venda — jornalismo na sociedade urbana e industrial* — Cremilda Medina.
25. *Estratégias eleitorais — marketing político* — Carlos Augusto Manhanelli.
26. *Imprensa e liberdade — os princípios constitucionais e a nova legislação* — Freitas Nobre.
27. *Atos retóricos — mensagens estratégicas de políticos e igrejas* — Tereza Lúcia Halliday (organizadora).
28. *As telenovelas da Globo — produção e exportação* — José Marques de Melo.
29. *Atrás das câmeras — relações entre cultura, Estado e televisão* — Laurindo Lalo Leal Filho.
30. *Uma nova ordem audiovisual — novas tecnologias de comunicação* — Cândido José Mendes de Almeida.
31. *Estrutura da informação radiofônica* — Emilio Prado.
32. *Jornal-laboratório — do exercício escolar ao compromisso com o público leitor* — Dirceu Fernandes Lopes.
33. *A imagem nas mãos — o vídeo popular no Brasil* — Luiz Fernando Santoro.
34. *Espanha: sociedade e comunicação de massa* — José Marques de Melo.
35. *Propaganda institucional — usos e funções da propaganda em relações públicas* — J. B. Pinho.
36. *On camera — o curso de produção de filme e vídeo da BBC* — Harris Watts.
37. *Mais do que palavras — uma introdução à teoria da comunicação* — Richard Dimbleby e Graeme Burton.
38. *A aventura da reportagem* — Gilberto Dimenstein e Ricardo Kotscho.
39. *O adiantado da hora — a influência americana sobre o jornalismo brasileiro* — Carlos Eduardo Lins da Silva.
40. *Consumidor versus propaganda* — Gino Giacomini Filho.
41. *Complexo de Clark Kent — são super-homens os jornalistas?* — Geraldinho Vieira.
42. *Propaganda subliminar multimídia* — Flávio Calazans.
43. *O mundo dos jornalistas* — Isabel Siqueira Travancas.

44. *Pragmática do jornalismo — buscas práticas para uma teoria da ação jornalística* — Manuel Carlos Chaparro.
45. *A bola no ar — o rádio esportivo em São Paulo* — Edileuza Soares.
46. *Relações públicas: função política* — Roberto Porto Simões.
47. *Espreme que sai sangue — um estudo do sensacionalismo na imprensa* — Danilo Angrimani.
48. *O século dourado — a comunicação eletrônica nos EUA* — S. Squirra.
49. *Comunicação dirigida escrita na empresa — teoria e prática* — Cleuza G. Gimenes Cesca.
50. *Informação eletrônica e novas tecnologias* — María-José Recoder, Ernest Abadal, Lluís Codina e Etevaldo Siqueira.
51. *É pagar para ver — a TV por assinatura em foco* — Luiz Guilherme Duarte.
52. *O estilo magazine — o texto em revista* — Sergio Vilas Boas.
53. *O poder das marcas* — J. B. Pinho.
54. *Jornalismo, ética e liberdade* — Francisco José Karam.
55. *A melhor TV do mundo — o modelo britânico de televisão* — Laurindo Lalo Leal Filho.
56. *Relações públicas e modernidade — novos paradigmas em comunicação organizacional* — Margarida Maria Krohling Kunsch.
57. *Radiojornalismo* — Paul Chantler e Sim Harris.
58. *Jornalismo diante das câmeras* — Ivor Yorke.
59. *A rede — como nossas vidas serão transformadas pelos novos meios de comunicação* — Juan Luis Cebrián.
60. *Transmarketing — estratégias avançadas de relações públicas no campo do marketing* — Waldir Gutierrez Fortes.
61. *Publicidade e vendas na Internet — técnicas e estratégias* — J. B. Pinho.
62. *Produção de rádio — um guia abrangente da produção radiofônica* — Robert McLeish.
63. *Manual do telespectador insatisfeito* — Wagner Bezerra.
64. *Relações públicas e micropolítica* — Roberto Porto Simões.
65. *Desafios contemporâneos em comunicação — perspectivas de relações públicas* — Ricardo Ferreira Freitas, Luciane Lucas (organizadores).
66. *Vivendo com a telenovela — mediações, recepção, teleficcionalidade* — Maria Immacolata Vassallo de Lopes, Silvia Helena Simões Borelli e Vera da Rocha Resende.
67. *Biografias e biógrafos — jornalismo sobre personagens* — Sergio Vilas Boas.
68. *Relações públicas na internet — Técnicas e estratégias para informar e influenciar públicos de interesse* — J. B. Pinho.
69. *Perfis — e como escrevê-los* — Sergio Vilas Boas.
70. *O jornalismo na era da publicidade* — Leandro Marshall.
71. *Jornalismo na internet* – J. B. Pinho.

IMPRESSO NA
sumago gráfica editorial ltda
rua itauna, 789 vila maria
02111-031 são paulo sp
telefax 11 **6955 5636**
sumago@terra.com.br

------- dobre aqui -------

ISR 40-2146/83
UP AC CENTRAL
DR/São Paulo

CARTA RESPOSTA
NÃO É NECESSÁRIO SELAR

O selo será pago por

summus editorial

05999-999 São Paulo-SP

------- dobre aqui -------

MUITO ALÉM DO JARDIM BOTÂNICO

— — — recorte aqui — — —

summus editorial
CADASTRO PARA MALA-DIRETA

Recorte ou reproduza esta ficha de cadastro, envie completamente preenchida por correio ou fax, e receba informações atualizadas sobre nossos livros.

Nome: _____ Empresa: _____
Endereço: ☐ Res. ☐ Coml. _____ Bairro: _____
CEP: _____-_____ Cidade: _____ Estado: ____ Tel.: ( ) _____
Fax: ( ) _____ E-mail: _____
Profissão: _____ Professor? ☐ Sim ☐ Não Disciplina: _____ Data de nascimento: _____

1. Você compra livros:
☐ Livrarias ☐ Feiras
☐ Telefone   ☐ Correios
☐ Internet   ☐ Outros. Especificar: _____

2. Onde você comprou este livro? _____

3. Você busca informações para adquirir livros:
☐ Jornais   ☐ Amigos
☐ Revistas   ☐ Internet
☐ Professores ☐ Outros. Especificar: _____

4. Áreas de interesse:
☐ Educação   ☐ Administração, RH
☐ Psicologia   ☐ Comunicação
☐ Corpo, Movimento, Saúde   ☐ Literatura, Poesia, Ensaios
☐ Comportamento   ☐ Viagens, *Hobby*, Lazer
☐ PNL (Programação Neurolingüística)

5. Nestas áreas, alguma sugestão para novos títulos? _____

6. Gostaria de receber o catálogo da editora? ☐ Sim ☐ Não

7. Gostaria de receber o Informativo Summus? ☐ Sim ☐ Não

Indique um amigo que gostaria de receber a nossa mala-direta

Nome: _____ Empresa: _____
Endereço: ☐ Res. ☐ Coml. _____ Bairro: _____
CEP: _____-_____ Cidade: _____ Estado: ____ Tel.: ( ) _____
Fax: ( ) _____ E-mail: _____
Profissão: _____ Professor? ☐ Sim ☐ Não Disciplina: _____ Data de nascimento: _____

summus editorial
Rua Itapicuru, 613 – 7º andar 05006-000 São Paulo - SP Brasil Tel.: (11) 3872 3322 Fax: (11) 3872 7476
Internet: http://www.summus.com.br   e-mail: summus@summus.com.br

cole aqui